国家十一五重点出版项目

# 中国民间艺术传承人口述史丛书
Oral Histories of Chinese Folk Arts and Crafts

"中国民间艺术传承人口述史丛书"总编委会
主　编：王文章
副主编：王海霞
总策划：和　龑
编　委（按姓氏笔画排列）
　　　　王文章　王海霞　乌丙安　方李莉
　　　　冯建华　吕品田　邢艳琦　江　东
　　　　宋兆麟　吴颖丽　和　龑　郑　工
　　　　郭玉洁　谭　洁　戴前锋

"中国民间艺术传承人口述史丛书"编辑工作委员会
总编辑：和　龑
委　员（按姓氏笔画排列）
　　　　王忠波　邢艳琦　吴颖丽　张维军
　　　　陈　琼　郑　颖　苗永姝　战　歌
　　　　贾宇琰　盛菊艳　韩慧强　谭　洁

# 剪出来的大师

## 剪纸大师刘静兰口述史

主　编 ◆ 王文章
副主编 ◆ 王海霞
口述人 ◆ 刘静兰
整理者 ◆ 姬雁姿

中央编译出版社

"经典中国国际出版工程"项目

**图书在版编目（CIP）数据**

剪出来的大师：剪纸大师刘静兰口述史/王文章主编.
—北京：中央编译出版社，2010.1
（中国民间艺术传承人口述史丛书）
ISBN 978-7-5117-0040-7

Ⅰ.剪… Ⅱ.王… Ⅲ.刘静兰－生平事迹 Ⅳ.K825.72

中国版本图书馆CIP数据核字（2009）第167134号

## 剪出来的大师——剪纸大师刘静兰口述史

| | |
|---|---|
| **出 版 人**：| 和 龑 |
| **策划编辑**：| 吴颖丽 |
| **责任编辑**：| 张维军 |
| **美术编辑**：| 子 木 |
| **责任印制**：| 尹 珺 |
| **出版发行**：| 中央编译出版社 |
| **地　　址**：| 北京西单西斜街36号（100032） |
| **电　　话**：| （010）66509360（总编室）（010）66509361（编辑部） |
| | （010）66509364（发行部）（010）66509618（读者服务部） |
| **网　　址**：| www.cctpbook.com |
| **经　　销**：| 全国新华书店 |
| **印　　刷**：| 北京雅昌彩色印刷有限公司 |
| **开　　本**：| 1/16 |
| **字　　数**：| 103千字 |
| **印　　张**：| 16.75 |
| **版　　次**：| 2010年3月第1版第1次印刷 |
| **定　　价**：| 398.00元 |

本社常年法律顾问：北京大成律师事务所首席顾问律师　鲁哈达
凡有印装质量问题，本社负责调换。电话：010-66509618

# 总 序

王文章

  21世纪初，社会公众对中国非物质文化遗产保护的关注度、参与保护的热情，以及中国非物质文化遗产保护工作的有力推进，成为中国文化界乃至中国社会的重要事件。从大多数人对"非物质文化遗产"一词的内涵不知所云，到"非物质文化遗产"成为家喻户晓的词汇，人们普遍对它的具象呈现形态有了一定的认知，并支持或主动参与保护工作，说明人们在现代化进程的背景下，已经看到，由于生活水平的提升和生活方式的变化，作为传统社会生存环境下人们生活方式和生产方式的非物质文化遗产正在急剧消失的现实，而这种现实，一定会对人类社会可持续发展的前景带来不可挽回的损失。因之，全面保护非物质文化遗产已经成为全社会的共识。

  但是，保护非物质文化遗产这个时代性的课题应当怎样正确解答，人们的答案并不一致。这种不一致的根源，主要是源自推动经济发展与非物质文化遗产保护之间的矛盾。把非物质文化遗产看成单纯的经济资源，在保护的名义下扭曲其本质特性过度开发，如把民族民间的原生态歌舞改变为肤浅时尚的刻板表演服务于旅游场所，或把传统手工技艺视作不具经济潜力的项目而任其式微，等等。近年来，我们还常见的一种现象是在城市特别是农村建设中，以新的建筑或新的环境形态将承载某个特定区域人们世代相传文化技艺的物质载体（如某些文化空间）彻底改变。这种不能正确把握和处理社会发展与非物质文化遗产保护关系的情况，已经并还在对非物质文化遗产的保护带来伤害。我们应该正视并改变这种现象。

  毫无疑问，非物质文化遗产保护是一个动态的过程。正确的保护不是使它凝固和停止发展。2003年10月17日联合国教科文组织通过的《保护非物质文化遗产公约》指出："这种非物质文化遗产世代相传，在各社区和群体适应周围环境以及与自然和历史的互动中被不断地再创造，为这些社区和群体提供持续的认同感，从而增强对文化多样性和人类创造力的尊重。"非物质文化遗产的有效保护，从根本上说，就是要保证其按照自身内在规律去自然衍变，在自然的衍变中与人类社会的持续发展相并行，我们既不要人为地去中断它自然衍变的进程，也不要人为地去使它突变。我想，这应是保护工作最根本的意义，也是保护工作最艰难、最核心的用力点。

非物质文化遗产在自然衍变发展中呈现的形态是丰富多样的,这决定了我们采取的保护方式也应是多样的。但对于传统手工技艺类的项目,采取生产性保护的方式应当是一种恰当的方式。这种方式,可以使非物质文化遗产项目的传承人,这些技艺的持有者将自己本身的技艺作为一种生产和生活的手段,既可以因此而获得劳动的报酬,也可以因此而使技艺传承,并在自己的作品与使用者的对应中,使技艺的继承与创新具有激发创造智慧的基础。这套"中国民间艺术传承人口述史丛书",记录了这些传承人技艺传承的历程,他们的技艺如何精湛,以及他们对技艺的思考;展现了他们如何以生产性保护的方式,使这些不同的技艺在传统的浸润中也融入了新的艺术元素,并得到人们的喜爱,而他们也因此具有了持续传承的经济基础。

在人类社会现代化进程不断加快、科技快速发展和全球经济一体化的时代,越来越多的民族、地区和人口被纳入到世界变化的总体格局之中。保持人类文化的多样性,是与人类社会的可持续发展紧密相连的。而保护各个民族具有独特创造个性和蓬勃生命活力的民间艺术,是人类文化多样性形态不成为博物馆化和标本式存在表象,而永具生生不息生命力的重要保证。我想,读者会从"中国民间艺术传承人口述史丛书"中体会到这些。

2009年9月22日

# 目 录

总 序 ………………………………………… 001

口述人刘静兰简介 ………………………………… 001

1955年4月生于内蒙古自治区乌兰察布市商都县高勿素乡高家村，包头市民间文艺家协会副主席，中国工艺美术大师，是闻名海外的杰出剪纸艺术家。现在，刘静兰的剪纸艺术已享誉全球，她却只淡淡地说："认识剪纸的，知道那是好东西，不认识的也就是一张纸而已。认真过好今天，明天的事明天再说。"

第一章 剜出"窗花花" ……………………………… 004

传统是什么？传统是自然而生且自然流转的生存状态。生于此间的刘静兰以自然而然的方式接受传统，又在时代的迁变中渐渐远离传统。然而，作为一个文化外在形式的"窗花花"，它从兴盛到无人问津的转变历程又说明了什么？

第一节 村庄里的"窗花花" …………………………… 006
  一 村庄 ………………………………………… 006
  二 窗花花 ……………………………………… 016

## 第二节 我与"窗花花" ········· 022
一 学会剜"窗花花" ········· 022
二 离开"窗花花" ········· 024

## 第二章 告别村庄 ········· 030

告别村庄,刘静兰进入一个全新的生存空间,在这里,原有的生活经验不再适用,在这个标榜创新与个性的时空中,刘静兰将如何转换角色?她又将如何从群体创作传统转入个性创作时代?

### 第一节 原来"窗花花"也是艺术 ········· 032
一 厂子 ········· 032
二 重拾剪子 ········· 035

### 第二节 厂子里的生活与剪纸 ········· 051
一 感谢厂子 ········· 051
二 厂子里的剪纸好友 ········· 053

## 第三章 再回首 ········· 064

再回首,刘静兰会以怎样的语境来描绘传统剪纸?她又将以怎样的视角去重新审视那些约定俗成的生活方式?再回故乡,生产结构和价值观念被瓦解之后的村庄发生了怎样的变化?剪纸的技艺还在,剪纸的人还在,然而剪纸赖以存在的土壤却逐渐消失。

### 第一节 再看"窗花花" ········· 066
一 来自传统的智慧 ········· 066
二 我看"窗花花" ········· 077

第二节 仪式不再有 …………………………………… 110
一 仪式不见了 ……………………………………… 110
二 会剜窗花的人可多了 …………………………… 114

## 第四章 还是那个味道 …………………………… 126

作为一个时代转折点上的剪纸艺人,刘静兰的经历和剪纸定位过程将从侧面反映我们现有的传统观,当传统仪式退场后,剪纸被从中切离出来,变为一种象征符号存在下来。

第一节 传统味 ………………………………………… 128
一 品出传统味 ……………………………………… 128
二 加入传统味 ……………………………………… 140

第二节 传统之外 ……………………………………… 183
一 听听专家怎么说 ………………………………… 183
二 书上来的灵感 …………………………………… 190

## 第五章 进入现代生活的剪纸 …………………… 208

刘静兰在艰辛地学习新规则之后,其剪纸走进现代生活。然而,剪纸的未来是什么?下一代对于传统的漠视又将带来怎样的结果?他们如何看待传统?他们又会如何将传统继承下去?他们将把传统引向何方?

第一节 我的剪纸小店 ………………………………… 210
一 适应市场的剪纸 ………………………………… 210

二 来自朋友的支持 ……………………………… 223
第二节 女儿的想法 ……………………………… 227
一 我的女儿 ……………………………… 227
二 女儿擅于把握市场 ……………………………… 231

附录 靳之林访谈 ……………………………… 239

刘静兰参展及获奖情况 ……………………………… 249

后 记 ……………………………… 251

# 口述人刘静兰简介

刘静兰，1955年4月生于内蒙古自治区乌兰察布市商都县高勿素乡高家村，包头市民间文艺家协会副主席，中国工艺美术大师，是闻名海外的杰出剪纸艺术家。

刘静兰生长的商都县地区属内蒙古自治区乌兰察布市，乌兰察布市位于内蒙古自治区中部，阴山山脉东段东西横贯中部，处在一个农牧业交错的特殊地带。商都县则居乌兰察布盟南部，地处内蒙古自治区与河北省、山西省的交界地带，因此商都地区的民间艺术就不同于蒙古族的艺术形式，而更趋向于黄河流域汉族民间艺术特征。

商都县地区的主要居民在辽、金、元时期，多数为契丹、女真（原名肃慎，后金皇太极当政时改为满族）和蒙古等中国北方少数民族，他们当为今商都县人口的一个重要源头。明代前、中叶，今商都境内的居民为北元政权所统辖的察哈尔万户蒙古人，至末期，因战乱察哈尔万户蒙古人居民流向他方。清朝乾隆年间设置商都牧场，当时在今商都地区的居民十之八九为察哈尔总管八旗蒙古人，乾隆二十九年（1764年）清王朝从此地调兵，致使人口锐减。光绪末年推行移民垦边政策，商都地区出现了一支汉民族的源流。这一政策延续到民国7年建县前后，商都地区一时成为塞北"要发财，上七台"的农垦热点，吸引了张北、陶林（现察右中旗）、兴和以及阳高、天镇、应县、浑源等冀、蒙、晋周边地区的汉民。蒙古人以游牧为业，因受垦种的影响，逐渐移居他处。民国14年（1925年），商都地区共有蒙古人1092户，4667人，大小喇嘛579人，到民国36年（1947年），蒙古族人口下降为164人，另有回族51人，加起来占总人口的0.16%。至此汉民族成为商都地区的主要居民。[1]

这块土地[2]是中华民族原始社会华夏氏族部落仰韶文化向东北发展，与红山文化由东北向西南发展的交汇地带，这深厚的文化积淀为民间剪纸的成长提供了肥沃的土壤。这里历来就有春节贴剪纸的习俗，在传统民俗氛围的滋养下，刘静兰7岁便拿起剪刀剪了第一幅窗花，在农村，女孩子自小学着剜窗花花，这正如田埂上随意绽放的花朵一样自然，没有大人刻意的教导，刚开始剪的时候，母亲鼓励她："远看花花的，近看巴巴儿的。"到后来剪得好了就夸赞道："毛毛剪的长甚甚的，档档剪的细针针的，贴在窗户上又亮堂又好看。"心灵手巧的她十二三岁就成为远近闻名的"巧姑娘"，而母亲的那句夸赞也便成就了刘静兰的剪纸艺术风格。初中未毕业，成绩优异的刘静兰就因家境窘迫被迫退学，退学之后她又积极地投入到工作中：18岁任大队妇联主任，19岁任民兵连长，20岁就提干到了公社，可谓巾帼不让须眉。1983年刘静兰调往包头化工一厂工会工作，工会的工作环境为她提供了不断创作的机会，在老师的指点下，从被动拷贝老窗花到主动吸收传统花样中的精华，并灵活运用于自己的剪纸创作，这个时期也是刘静兰剪纸艺术风格的形成时期，她的剪纸艺术正如她的名字一样：沉静、自然。

2007在北京人民大会堂举行的第五届中国工艺美术大师评选表彰大会上，刘静兰被授予"中国工艺美术大师"称号。期间她的作品多次在香港、日本、北京、法国等地参展，获奖无数，作品多被收藏。1994年作品《老窗花》获中华人民共和国文化部主办的"中国民间艺术一绝大展"铜奖；1998年作品《十二生肖》获"首届中国国际民间艺术博览会"金奖；2001年《草原吉祥》获中国文联、中国民间文艺家协会"山花奖·民间工艺金奖"；2005年《老窗户之二：天圆地方》获第二届中国民间工艺品博览会金奖，并被国家博物馆永久性收藏；2007年《十二生肖》被联合国教科文组织总部永久收藏；240多幅作品被中国美术馆收藏。在剪纸创作过程中，刘静兰始终以传统为基础，她根据传统剪纸纹样，通过自己独特细腻的表达方式，使传统剪纸在不同的时空得以展现别样的风采。现在，刘静兰的剪纸艺术已享誉全球，她却只淡淡地说："认识剪纸的，知道那是好东西，不认识的也就是一张纸而已。认真过好今天，明天的事明天再说。"

## 注释

[1] 《商都县志》内蒙古自治区地方志丛书 内蒙古文化出版社 165—166页
[2] 《刘静兰民间剪纸集》序 中国文联出版社 靳之林写序

第一章

# 剜出"窗花花"

## 本章综述

二十世纪七八十年代是一个时代转型期,在此背景下,刘静兰生活的草原农耕小村落处于怎样的生存状态?生于此时此地的剪纸艺术家又以怎样的方式继承传统?汉族移民独有的人文个性、农耕文化与原有的节庆仪式给予这代人何种传统观念?

传统是什么?传统是自然而生且自然流转的生存状态。生于此间的刘静兰以自然而然的方式接受传统,又在时代的迁变中渐渐远离传统。然而,作为一个文化外在形式的"窗花花",它从兴盛到无人问津的转变历程又说明了什么?

▷ 苍茫草原

## 第一节 村庄里的"窗花花"

### 一 村庄

"天渐渐黑了,我们就躺在柴垛上等父亲用车过来拉柴,四周黑洞洞的,天上的星星特别亮,我们就躺在那里数天上的星星。听到叮当叮当赶马车的声音,就知道父亲来了。现在就记得那时候的星星咋那么亮,要不是说,来城市这么长时间还是不喜欢住楼房,总感觉高高地架在空中,接不着地气,也看不到星星和月亮,我习惯了睡觉前跟月亮打个招呼,这样才睡得香。"

**口述人:刘静兰**
**时　间:2009年5月2日**
**地　点:内蒙古商都县小海子乡南梁村**

**姬:您长大的村子建村有多少年?这里是个很特别的地方,乍一看是草原,而居住的却是农民,村子里的主要居民从哪里来?附近几个村庄都是本地人么?这里的人们一年四季的生活又是什么样的呢?**

刘:我生长的小村庄叫高家村,村子里的村民都是汉族人,听村里人[1]说村子建村有一百三四十年了,这里的人都是口里河北张家口地区和山西过来的,当时那个地区苦寒,这里土地多,人们就都过来这边垦荒了。听村里郭婶婶[2]说七月十五是鬼节,到了这天我们这里就有个风俗,就是捏面人人,其实是在传信呢,告诉大家在八月十五那天杀蒙古人,当时是不让说的,其实就是汉族人来了,游牧民族就迁到别的地方了,可能是一场争夺土地的战争。[3]

这里的人们主业就是种庄稼,咱们这里一年只有一季庄稼,每人九亩地,收成不好,一年一亩能收

» 草原上的耕者

200斤粮食就够好了,这还是现在上了化肥的产量,过去就更少了。那几年种的都是粗粮:莜麦、胡麻、山药、豆子、小麦啦,那时候苦,最困难的年节能够吃上一顿糕,大年初一上午能吃上一顿饺子就很好了。现在都是种的胡麻,不是要搞经济嘛,粗粮够吃就行。这边的雨水少,土地薄,产量少,但是当时来说要比口里的好许多,口里就是山西和河北那边的,我们过去取笑那边的人小气了是这样说

➢ 草原农耕小村落

的:口里人看口外人炸油饼,就说,呀~~那丧良心的,好好的白面还用油炸呢!当时口外的人比口里人生活好些,人也大大咧咧的不在乎,吃东西的时候甩的哪里都是油,口里人穷,过生活就很仔细。

  过去的人们春天种进种子,秋天收获,这中间就是照顾着这些庄稼,男的女的都要下地干活:锄地、浇地、施肥,过去施的是家用肥,就是家里牛羊猪的粪,收集起来沤,然后砸碎了施到地里。等到八月份收了秋,就到冬天了,过去不像现在有电磨,都是用石碾子碾面粉,一天忙下来,就只能碾出那么一点点面,一个村子只有一个石碾子,一整个冬天男人们就都在为碾面粉忙活着,女人们也都在忙着做冬衣、棉被,做一些家务。

➢ 盐碱草地上的放牧者

  **姬:刚才在来这个村子的路上,我看到很多草地都是盐碱地,种庄稼应该是挺困难的。春天这个季节来到草原看不到绿色,那么我们聊一聊这里的四季吧!在我们的窗花花登场之前先了解一下它生长的小村子,还有你的童年。**

  刘:噢,故乡的四季,一个很有趣的话题,一说过去的小村庄总会想起小时候的游戏。

  春天应该是什么颜色呢?我想应

# 剪出来的大师  第一章 剜出"窗花花"

该是黄色下头藏着绿色的季节吧。春天里我们就去剜辣辣,辣辣是一种植物,它的根根有点辣辣的味道,还有好吃的植物叫"lāng pāng pāng",也是吃根根,根根是红色的,味道甜甜的。春天里天不太冷的时候,就是坐到地上也不会感到凉的时候,记得当时总会有一片光光的平地,可能是风吹出来的,可以坐在地上玩胶泥。我们这里有很多胶泥[1],有红色的、黄色的,我们就用泥巴玩过家家的游戏,不会捏泥人,就是捏成生活中的形象,比如搓成条条就是粉条,或者捏成车轱辘中间穿上一根小棍,拉着跑,因为和着水玩,外面风又大,玩到最后手都裂开了口子。

》辣辣

我们这里的胶泥可好了,过去的房子都是用这些泥盖起来的。盖土坯房是这样的,先到地里采胶泥,采回来把胶泥打碎了用水和一下让它沤几天,这中间就要挖地基,地基不深,用石头垒成,我们这里不远

》胶泥

的地方有座山，上面就可以采石头。一天后胶泥沤好了，就用"tuōjī 模子"托出土坯来，这个模子就是用木头做的框框，有很多型号，什么样型号的墙用什么样的模子，盘炕有盘炕的模子，盖窑洞有盖窑洞的模子。土坯是这样做的：用铁锹把沤好的胶泥铲到"tuōjī 模子"里，把上面磨平，拿起模子，一个土坯就做好了，就这样一间房子要很多这样的土坯，会盖房子的就会算这个数字，等这些土坯干了以后就这样一个一个从地基往上垒，这就是墙壁。墙垒好了，就是上梁和椽了，房顶架好了，在上面铺上草席子，最后再在房顶上抹上一厚层胶泥，胶泥干了一般不怕水，这样的房顶能保持一两年，外面的墙壁也要再抹上一层胶泥，墙壁看起来才光滑，屋里抹上泥，再用白灰刷出来，干干净净的，土坯房就盖好了。

≫ 窑洞用"tuoji 模子"

≫ 盘炕用的土坯

≫ 坚强起来了，就张罗着给家里盖房子。

# 剪出来的大师　第一章 剜出"窗花花"

▶ 春天里草原上美丽的天空

你来到这里才能感受到这里的春天，天气变化很大，有句民谚叫作，"黑云遮日头，不等老汉拉枕头"，这里的天气就是这样变化无常，你看今天上午还是艳阳高照，万里无云，一会儿功夫就天昏地暗，风带着黑云一下就过来了，没有任何征兆，不过现在气候还是好多了。在过去，春天扬沙大，听村里人说扬沙吹得大雁睁不开眼，好几个大雁都蹲在那里飞不了了，他们还抓住了好几个回来呢。这扬沙一来刚种下的庄稼和刚犁过的虚土也会一下吹到天上去了，连那刚种下的籽籽也都吹跑了。不然你看这里的女人都要带头巾，男人们都要带帽子，你不知道啥时候就来了一阵风，一下子就把你的头发吹乱了。

▶ 突然袭来的云，遮住了太阳。前一刻还是晴空万里，这一刻就天昏地暗。

▶ 街头聊天的老乡

过去气候那样也可能跟那会儿人们破坏环境有关吧。咱们这里烧火都是用柴和牛羊粪，这里的树又少，捡到一点柴很困难，你看我们小时候什么都归大集体，连牛羊粪也是集体的，所以要捡一点牛羊粪就是很困难的事儿，大家烧火的时候只好去割草，可是草只有那么多，这么多人烧还是不够用。当时我们每家都有一个耙子，专门耙草用的，很重的木头柄，上面还绑着一根麻绳，这样拉的时候把绳子扛在肩上，拉过去草就都扒在耙子上了，然后翻过来搁到一边，就这样一会中间就是一堆。大家都这样，一到冬天草皮连着根都被人们烧火用了，这样春天的风沙就特别大，没有了草，沙子都吹到天上了呀。后来七十年代末的时候，政府组织种防风草，植树，后来又禁牧，这样环境才好一些，草皮也开始密实了。

▷ 耙 子

▷ 今天的云真是好看！

春夏交接时有一个很隆重的节日是端午节，因为是春节后第一个节日嘛。端午节要磨黄米面，黄米要先自己淘，然后再放到石碾子上碾，当时的场面可红火了，村里就只有一个碾子，大家都是你家推完我家推，排着队，互相帮忙，现在一闭眼那幅热闹的场面就跳出来了。在每年的端午节之前，父亲都会找好哪里有艾蒿子，一大早没出太阳就去那儿拔回来几棵艾蒿子，拿回来用开水煮上，等我

> 自然形成的小溪流

们起床的时候，又把煮好的水倒进铜盆里让我们洗脸，艾蒿子煮出来的水热腾腾的，家里都是艾蒿子香香的气味。当天我们几个女孩子都起的很早，太阳出来之前跑到溪水边洗脸，溪水是冬天的冰雪融化了就形成的，一条条细细的，很清，听人家说在里面洗脸能洗掉脸上的痦子，不知道谁说的，反正都是大家传的。

夏天的草原最美了，一年只有七八月两个月最好过，天气不冷不热，就算是夏天，我们这里也没有很热的时候。夏天的草原是绿绿的，到那时候来草原你一定想在地上打滚儿(笑)。过去到了这个季节我们小孩子还可以吃到豌豆角，里面甜甜软软的小豆子滑滑地吸到嘴里，可甜了，还有红豆角可以煮着吃。

夏天的时候和小伙伴们去拔猪草，在路上大家就爱讲故事，也不知是谁讲的。这样说的：我们这里

> 夏季草原

有一种卢草，每个叶子上都有三个牙印儿，听他们讲故事说，那是王母娘娘的牙印儿，王母娘娘撒尿的时候，让这个芦草扎了一下，气的拿起那个芦草咬了一下，还把它贬到人间了，芦草原来是天上的仙草，都是这里人编的故事，你看我们出去了，想尿了，就直接跑到草里尿，肯定是会让草扎屁股的（笑）。村子里孩子多，一起出去不好好拔猪草，到处在草丛里找鸟窝，掏鸟蛋，拿着鸟蛋照着太阳看，如果里面没有小鸟就拿回去吃，如果有就放下等它孵出来。我们这里有一种鸟能知道今年是不是有雨水，叫不上那个鸟的名字了，它们的窝就在草地上，它要是在高的地方垒窝的时候，就说明今年的雨水多，如果它在凹的地方垒窝的时候，就说明今年的雨水少。其他季节也不去地里拔菜，也就不知道其他时候有没有这种鸟了。

你像过去夏天祈雨这样的事情我都不记得了，还是听其他村子的老人[5]说的，靠天吃饭的农民一到夏天不下雨的时候，就要去祭拜龙王，拿上一只羊，这只羊是村子里的人集资买的，拿了这只羊去敬神，每个村子都会有一个小庙，一般都是龙王庙，去祭祀的人是村子里派的十来个代表。先把绑着的羊放到庙前面，然后用水壶往羊身上浇水，直到羊开始抖身上的水为止，这就说明龙王领了，龙王爷把羊收住走了。给龙王摆上供品，把羊拉回去杀掉，每家一小块，全村的人家都要吃到羊肉的。后来看了一些理论书才知道，其实咱们的很多风俗都是希望能够风调雨顺庄稼好的。

▷ 破败的村头龙王庙

▷ 每个村子都会有个龙王庙

# 剪出来的大师
## 第一章 剜出"窗花花"

秋天这里也可好看了，麦子快成熟的时候，黄生生的，风吹过来匀匀地摆动着，很美。土豆在秋天就可以收获了，从土里拔出来，带着泥土烤着吃，很香，秋天刨土豆是我们的一大乐趣。我们那里有那个土豆窖，土豆收下来放进去能存一年，土豆窖在沙土地上就可以挖很深的窖，土豆放在里面到了第二年夏天也不会发芽，可是水源浅的地方就不行了，需要在地上垒一个窑，用那个弧形的"tuōjī 模子"，作出土坯来，垒起来的就是圆形的窑洞式的，可是这样放的土豆到了第二年夏天就发芽了，不好吃。

秋天里的最盛大的节日要数中秋节了，中秋节是要吃月饼的，在八月十五之前的初八九就开始打月饼了，是晚上，月亮很亮，大家你家一盆面我家一盆面聚在一起揉面，只记得当时月亮地里人们的影子，还有那时热闹的气氛。我们的月饼和别的地方的不一样，我们这里没有那个月饼模模，就是十斤面三斤糖三斤油和在一起。村子里只有一家会打月饼，打月饼用的上下火，平底锅，下面烧着炭火，锅盖上也放着烧好的炭火，用泥巴固定了，隔一段时间用木棒撑起锅盖，把饼子抹上油翻一下。打月饼的时候大家就都集中到她家，拿上面和炭，我们小孩儿围着看，可红火了，白天打晚上也打，只记得那月亮亮亮的。

小时候我最好的伙伴是金娥，金娥和我在家里都是一个，都没有兄弟姐妹，我们两个就玩的最好。当时我们高家村那边柴很少，我和金娥就到新村这边搂[6]柴，哎呀，这边的柴那么多，我们一人捡一堆，一边捡一边往前挪，到最后我们一人搂了那么一大堆！天渐渐黑了，我们就躺在柴垛上等父亲用车过来拉柴，四周黑洞洞地，天上的星星特别亮，我们就躺在那里数着天上的星星。听到叮当叮当赶马车的声音，就知道父亲来了。现在就记得那时候的星星咋那么亮，要不是说，来城市这么长时间还是不喜欢住楼房，总感觉高高地架在空中，接不着地气，也看不到星星和月亮，我习惯了睡觉前跟月亮打个招呼，这样才睡得香。

说到冬天吧，老记得是白茫茫的一片雪。听老人家说1950年冬天的雪很大，把房门都堵上了，小框框窗户不严实的连炕上被子上都吹进来那么厚一层雪，那时候的日子不知道他们是怎么熬过来的。可是下大雪对于孩子们来说，有趣的事情可多了，一到大雪天，天上的雀儿看不到地面，在厚厚的雪上又没法停落，这时候人们就扫出一片土地来，在上面放上一些粮食，还有自制的套雀的绳子呢！雀儿一踩上就套住了，能套到很多呢！

冬天天短夜长，晚上小孩子在一片空地里玩的可疯了，那些月亮地里的游戏总是记得很清楚。只记得当时的月亮亮亮的，我们手拉着手，这边一队那边一队，两边喊着"机机灵~""跑马群~""马群开""要谁呢？""要闰兰！"我就向那边噔噔噔跑过去，咣！撞出一个缺口，哈哈，缺口上的人就可以归我们这队了，如果没有撞开这个人就归对方队了。还有冬天的"水 gē dōng"里有一层水，结上冰后，我们就在上面滑，噔噔噔跑过去，呲~~地滑过去。"水 gē dōng"就是我说的村子里人经常采胶泥的地方，采的多了自然成了一个坑，我们叫这种洼地叫"水 gē dōng"。晚上我们还会去掏雀雀，过去房檐下总是会住着很多雀儿，有燕子，小小的鸟巢里有时候会孵出小鸟来，晚上调皮的孩子就一个架着一个的去掏鸟儿玩，上面那个使劲扒着鸟巢，可是看不到里边的情况，只能绷着嘴使劲在鸟巢里摸索，下面的那个探着头，着急地问抓住没有。

小时候总是巴望着有月亮的夜晚能够跟小伙伴们玩，大年三十那天晚上还和小伙伴约着等月亮出来的时候一起去玩，结果等了老半天也没有等到月亮，你知道那天晚上是没有月亮的（笑）。我们都很失望，就摸黑回家，当时我家窗户外

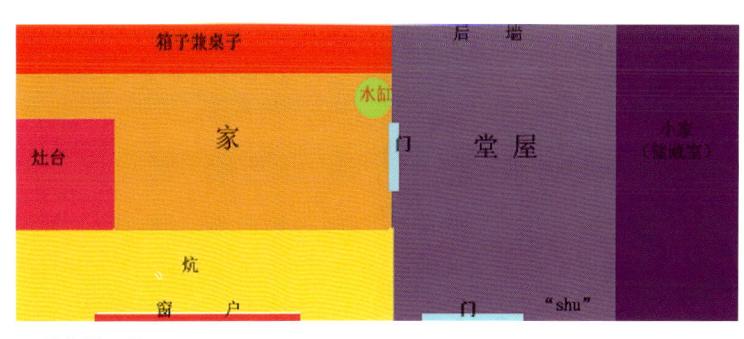
> 居住平面图

卧着一头牛，屋里灯光映衬着黑黑的影子晃来晃去，吓得我一头撞进门。一进屋又看到父亲请回来的"shū"，前面插着香，屋子里雾腾腾的，过去点的那个煤油灯光线又暗，吓得我惊了半天，那种怪怪的场景合在一起直到现在还能想见。我们那里的"shū"就是用黄表纸叠成个长方形的上面是三角的，上面写上祖先的姓名，粘在筷子上，把筷子插在放着米的碗里，一排排的，供在堂屋的门后面。

我们这里人还有个说法，说大年三十这天夜里人的魂就要走了，就不让睡觉怕魂走了，大家都要熬到三星落的时候[7]，大概是四五点的样子。这中间就玩纸牌，聊天，互相串门。在我们这里，老人到了一定年龄就要做"长老衣"，就是去世后穿的那种，宽宽大大的绸缎衣服，有紫色的蓝色的。没有具体的年龄限制，有些老人体质弱，就会早些做，一到大年三十那天晚上就要穿上，人们讲究死的时候都没穿上寿衣，这样的不好，所以老人那天晚上就要穿上寿衣，即使是死了也还是穿着寿衣呢。如果那天晚上老人的魂走了，他就会在八月十五之前死了。我们这里每年最重要的两个节日就是过大年和八月十五中秋节，如果老人是后半年去世的，那说明他的魂在八月十五的时候就已经走了。

**姬：听了你的讲述，你的童年在我的印象中突然生动起来。而且让我非常感动的是你们全村人在一起的活动，一起准备中秋节月饼的那个晚上，还有磨端午节黄米面的场景，那种大家族的温情是一种真正的村落气息。谈谈村子里人们的关系吧！**

刘：我们村子在南梁大队几个村子中算比较大的，最多的时候有六七十户人家，是高家第一个来这里落户的，所以这个村子叫高家村，村子里只有十个姓氏，多数都是从口里迁来的，这么多年又都在一起，所以关系都很好。

小时候父母身体不好，母亲病得厉害的时候就把家里的房子卖了给母亲治病，我们全家寄宿在大奶奶（父亲的大伯父）家的低矮窑洞里，总共十几平米，只记得站在炕上就没有办法伸直腰，当时就巴望着有一天能够有一个能直直地站在炕上的房子。后来我长大了就张罗着给我们家盖房子，没有花钱雇人，请的都是村子里突击队里的年轻人，大家二话没说就来帮忙。我们这里盖房子主要是木料花钱，像梁了椽了，墙壁都是用我们当地的胶泥做的，这些都是需要人力的，大家都很热心地来帮忙，没有多久就把

房子盖好了。

我们村子的人都可好了，记得我父亲去世后，就剩下我母亲，我母亲又生病，由于这里的水质不好，女人们在生完孩子之后，身体弱，骨头那时候就会迅速被水里含的氟腐蚀，母亲的腰变弯，最后上面的肋骨和下面的肋骨连在了一起，可可怜，都是这里的水害的。等到收庄稼的时候，大家都放下家里的活来给母亲帮忙，把庄稼

▶ 我和乡亲们

收回来，用木棍打成籽儿入了粮仓。没想到下雨了，大家的庄稼都还在地里出了芽。你看，村子里的人多好呢！我们这个地区的人都是这样的，你看在我婆婆村子里有一个九十多岁的老太太没人照顾，我婆婆就跑去给她做了几个月的饭，天天都去，帮着照顾她，还给她放下吃的。村子里的人都是这样的，看谁可怜了，都会伸手帮忙。

## 二 窗花花

"记得小时候就喜欢在风里追那春联，风太大了，弯身捡时就又飞了，但我们可有办法呢！快追上的时候一脚踏上去，再用手把它捡起来，这成了童年永久的记忆。"

**口述人**：刘静兰

**时　间**：2007年8月13日

**地　点**：北京高碑店刘静兰工作室

**姬**：土坯房、木格子窗户、白白的麻纸上红红绿绿的窗花，后面是宽阔的草原，这就是您的家乡。这些窗花花在过去都用在什么场合？除了窗户上贴之外还有什么地方贴呢？一般都有什么讲究？

刘：我出生在商都县高勿素乡高家村，小时候能看到的剪纸都是高家村和附近乡村的剪纸，剪纸在过去不像现在是一种人们很看重的艺术，它就是用的，用的最多的时候是过大年。我们那里的剪纸样式倒是没有其他地方丰富，主要剪的是窗花，我们叫剜窗花。感觉很多我们这边的剪纸和山西那边的很相似，内

蒙古这边的汉人基本上都是山西人、河北人，可能和走西口那会儿山西人大量进入内蒙有关系。[8]

你看，每年最热闹的节日就数春节、端午节和清明节了，但只有春节才剪纸。过去我们这里的房子都是外面抹泥的土坯房子，正面开门窗，窗户有36眼窗格的，有64眼窗格的木头格子的小窗户。村子里有小剪剪的人家不多，大概有一小半人家有小剪剪，可是到了过大年的时候家家都必须要贴窗花，如果谁家是白白的不贴窗花，就说明他家有人去世了，这家人第一年的时候，就不贴窗花，等到第二年，这家人就要贴素的窗花，绿的蓝的黑的，我们那里称这叫祭孝，也是对祖先的一种缅怀吧，到了第三年就又恢复贴红的了。一般到了腊月二十几就开始剜窗花了，腊月二十六贴窗花，最早是腊月二十四，往后的二十七到三十都不宜贴窗花了，过去人讲究的是二十七二十八贴不好，如果那两天贴的话就会到处欠债，就"七窟窟八眼眼"的，二十九贴的话就会只生女儿不生儿子，有的不讲究的就到三十才贴。就这样传下来的，每年都希望有一个喜庆的气氛，家家户户就都要贴窗花，红的绿的粉的搭配着贴，还要贴出花样来。如果谁家不会剪就只能在窗户四边贴上三角形的红纸，中间贴上四个相对的三角形，也是图个喜庆，这样的人家总是会被人笑话的，所以，一般不会剪的也要托姐姐找姨姨的要些窗花花来贴一下。

我们这里的剪纸如果要细分的话可以分为三大类：一类是炕头花，不需要太多的装饰纹，要说明的是我们这里的"炕围花"指的不是剪纸贴的，是用油漆画出来的，村子里专门有人画（邻村有会画的画匠），其实目的是坐在炕上的时候不靠灰，讲究的人家才请人画。炕头贴的剪纸是随意贴的，用的是过年贴的对联纸，风吹掉了就捡回来剜出花花贴在炕围上面；第二类是当年画贴的剪纸，后面需要用彩色纸衬出来，比炕头花要大，贴在炕对面墙上；第三类就是窗花了，这是功力最深的一类，要求"毛毛剪得长生生的，档档剪得细针针的，这样贴在家里亮亮堂堂的才好看。"

我们家的窗花每年都是父亲贴，红的贴里面，绿的贴外面，也没有问他为什么这样贴，问他也许也不知道，这是祖上传下来的，世世代代都是这样贴，习以为常了也就没有人会想起来去问个为什么了。每次都要拼出一个图案，用郭婶婶的话说就是要对出个桌面来。窗花的样式主要有"云尖尖"和"yuān guāner"，"yuān guāner"就是四个剪纸对在一块。但是"yuān guāner"具体怎么写的我也不知道，大人这样说也就这样记了，问了他们也不知道。花样子也有很多都不知道是什么名字，知道的也都是母亲偶尔说到的，这叫"万八店儿"，这叫"鼓锣圈儿"，这叫"寿字"、城墙垛子、盘长、万字剪不断。我们这里的抓髻娃娃就是头上有抓髻的，或者是怀里抱着鸡的就叫抓髻娃娃。白菜谐音"百财"，取个吉利的意思，就是这样，母亲一个个指着告诉我。

除了窗花以外，就是炕围上贴的花花了。我们那里的风大，对联贴到土坯墙上不多久就连着墙皮吹得漫天飞了，记得小时候就喜欢在风里追那春联，风太大了，弯身捡时就又飞了，我们可有办法呢！快追上的时候一脚踏上去，再用手把它捡起来，这成了童年永久的记忆。拿回来根据纸的大小剪成各种各样的花样子，大人们也用这些对联纸给孩子们剪各种各样的动物啦、人物啦，其实也是逗孩子玩的。剪上一个，

# 剪出来的大师  第一章 剜出"窗花花"

> 这是用对联儿纸剜的，贴在炕头上。我们这里说的"炕围花"是下面画的那种。

问孩子，这叫什么？那边一边高兴地叫着一边抢着拿上玩，来！贴上去！孩子就踮着脚贴到炕头的墙上，就这样红红的贴上一炕头。这种花花我们一般剪的有老鼠爬杆儿，老鼠的题材在我们这里挺多的，像老鼠上灯台、老鼠偷瓜、老鼠啃葡萄。有这样一个说法说：人类处于混沌状态的时候，是老鼠把天咬破了，才有了人类、动物、植物，才有了万物。还有就是拉手娃娃，这种拉手娃娃有女的拉手娃娃，又叫作招魂娃娃，民间传说人的灵魂在大年三十的时候就走了，到了正月初七的时候还要回来，剪了这个拉手娃娃，就是希望她回来的时候能够找见自己的家。剪纸中的男娃娃一般剪成翻跟头娃娃，就是盼望来年有个好收成，还有就是带着娃娃的小生殖器，象征着生命繁衍。还会剪一个庙门[9]，那个庙门里有神神呢，能保佑全家平平安安。还会剪个媳妇烧火煮饺子，媳妇一手拉风箱，一手煮着饺子，就是盼着这一年能够有好吃的，有个好生活。这些剪纸剪好了就贴在炕头上，不镂空只剪一个外轮廓，红红的贴一炕头，看着心里可有成就感了。

还有的就是炕对面的后墙上贴的剪纸，剪好后一般都是需要衬纸的，我们这里的衬色剪纸和陕西的不一样,象库淑兰的剪纸就是往前贴出来的,我们的剪纸不是那样的,是从后面衬,剪好了,在镂空的后曲衬上各色的纸,配色上没有什么绝对的规定,红红绿绿的怎么鲜亮怎么配。材料也没有特别的讲究,手边有什么就用什么,象父亲抽烟的烟盒里不是有银色的锡纸么,当时比较流行的古巴烟里的金金纸可好了,拿过来衬在后面,亮晶晶的很好看,一般娃娃的眼睛是一定要用金金纸衬的。主要贴的题材有娃娃、趴娃娃、马驮元宝、盆里长花,贴趴娃娃的比较多。往墙上贴的还有狮子、马马、猫猫。那时候也没有卖年画的,就贴的剪纸红红的热闹一下。

≫ 马驮元宝 衬色剪纸 贴在后墙上

春节的时候家家户户都要挂灯笼,灯笼是用麻纸糊的,四方形的,下面还有用彩纸剪的穗穗,上面也要贴花花,样子和窗花相似,从初一挂到十五,一家挂一个,灯笼里用的是煤油灯,除夕那天晚上一夜不能灭。

**姬:这些花花绿绿的窗花真是为节日增添了不少的喜气,在商都地区除了春节贴窗花外,还有什么场合贴呢?**

刘:除了春节外,结婚的时候也要贴窗花,贴对联,红红绿绿的显得喜庆,只是贴几块,不像过大年那样的把窗户贴满了,其他就不记得有剪纸了。娶了媳妇以后说是为了让媳妇眼睛亮,就把那个窗户纸都掏开了,就记得小时候每家结婚的时候都是把窗户纸掏得烂烂的,一般结婚都是在腊月正月里,天冷,结婚当天也不让糊窗户纸,晚上就用炕上铺的羊毛毡子把窗户堵上。过去娶媳妇都要姑娘做针线活做的好,做饭做的好,人挺仁义的,这样娶进来这个家才会好。

剪出来的大师 第一章 剜出"窗花花"

》 牛 16厘米×19厘米 2001年创作

刺绣上也是要用到花样子的，可是我们这里花样子不多，因为过去这边的刺绣不多，绣也是一个枕头顶子，小孩子的涎水牌牌上绣些花，像我们那个年龄的就很少绣了。

还有就是过去医学不发达，医生少，讲迷信的时候也会用到剪纸。生病就去找先生看，其实就是你在电视上看到的"神婆"，村里会有一个，他那里有一本书，看的时候要扔"zhì qiān"[10]，看"zhì qiān"落地的布阵查找书上的解释，要马、要人人的、要猪的、要羊的、要钱的，白马黑马红马几个，可以剪纸，也可以用面捏面鱼、面鸡、面猪头、面羊之类的。

**姬**：这些美丽的花样子是怎么传承下来的呢？过去没有现在发达的通讯，每个地区足不出户的妇女们又是怎么交流的呢？

**刘**：剪纸一般都是女人的事情，妈妈会剪，女儿也跟着学，那家的媳妇带来娘家的剪纸，这家的姑娘嫁出去了，又把这个村子的剪纸带到了婆家去，剪纸在我们这里就是这样交流的。这里从什么时候开始有了剪纸就不知道了，就知道从记事起就有剪纸，花样子就是这样一辈子一辈子传下来的。

我见到的附近几个村子的花样造型都差不多，不同的只有大小的差异，因为窗户不一样，有的格子大些，有的格子小些。

**姬**：咱们这里剪纸的主要题材都有哪些呢？

**刘**：要说起我们的剪纸题材，主要用的都是动物、人物、鸟类，其中茶壶扣碗、狮子和猫比较多。现在的专家研究的比较深奥，我们剪的时候没有那么多讲究，什么好看就剪什么。像过去我们这里也没有生肖这一说，每年每家就是那么一沓沓熏样子，照例剪了就行，十二生肖还是我后来到了包头一些年才知道人们那么喜欢那个生肖。民间的传说有时候听起来也很有意思，有个传说就是说十二生肖里的牛的，说这个牛在过去是玉帝身边的，是天上的神，一次玉帝让牛向人传旨意：让人每天一吃饭三打扮。结果它传的时候传错了，说成了：一打扮三吃饭了。玉帝非常生气：你让人一天三吃饭，那你就去伺候人吧！一脚把它踢了下去，这一脚把门牙也踢掉了，你看那些牛都没有门牙，牛就这样被发配到人间替人耕地了。你看那个牛干完活卧到那里，就会噗嗤噗嗤地叹气，那是神仙下人间受苦了。

还有一些表现当时人们生活的题材，比如有一些唱二人台的形象。记得我小的时候每年过年都会搭个戏台唱二人台，从初二初三就开始了，地方好的村子都会演戏，打金钱呀、卖碗啦、王山打鸟啦，有的是逗乐的那一种。唱大戏就不去村里了，在乡镇里搭上大戏台唱晋剧。所以传统剪纸里还有这样唱二人台的，男的打金钱棒，女的扇扇子，乒乒乓乓地可热闹了。

## 第二节 我与"窗花花"

### 一 学会剜"窗花花"

"那时候我小,哪里知道这些。就是这样的,我的成长很少受到父母的责备限制,就是这样自然而然的成长,家长没有说不让你干这个不让你干那个的。"

**口述人:刘静兰**
**时　间:2007年8月13日**
**地　点:北京市高碑店刘静兰工作室**

姬:把这小小的窗花放在童年的记忆里去讲,它又该扮演一个什么角色呢?您是从什么时候开始学着剜窗花的呢?当时是怎么看待学剜窗花花这件事情的?

刘:我1955年4月出生于内蒙古自治区乌兰察布市商都县高勿素乡郑油坊村,我们村子那年有十个女孩子出生:喜花、美人、爱莲、粉桃、丽人、金花、金娥、四女人、四给、闰兰、闰花,要说剜窗花其实我们那一茬女孩子基本上都会剜切[11]。我有两个家,高家村是我养母家,郑油坊是我生母家。我生母有十一个孩子,我是第八个,家里穷养不起这么多孩子,就把我给了邻村的养母。我抱过去之前养母其实有个孩子,可生下来就死了,等我抱过来的时候,母亲就让村子里的老婆婆给我取了个名字,名叫刘闰兰。那年是闰五月,因为养母之前的几个孩子都夭折了,为了能够留下这个孩子,名字里加了一个兰字,谐音"拦住"。后来生母又把刚出生小我七岁的弟弟也给了我养母。我是养母奶的,但弟弟抱过来时,她就没了奶,弟弟是邻居郭婶婶奶的,我们家和郭婶婶家关系很好,郭婶婶是我们村子的巧人,铰花铰得好,每年我们家的窗花都是她给剪的。

我第一次剪纸是在七岁的时候,也就是在弟弟抱过来的这一年。那年婶婶病了,我跟你说过都是我们那里的水的事儿,婶婶刚生过孩子,身体弱骨头都被水里的氟腐蚀了,整个人都缩了,腰疼的很,所以我们家里的窗花就没人给剪了。那一年家里36孔窗户却只贴了四个窗花,四边白白的很难看。我看了就很不高兴,跟母亲说:"今年的窗花为什么这么少?"母亲说:"今年你婶婶病了,还要奶你弟弟,顾不上,有点红气就行了。"我就跟母亲说:"婶婶没有空,那就把婶婶的小剪子,还有花样拿过来,等过年(明年)我来给剜,您去和婶婶商量一下吧?"到了过年[12],婶婶竟然真的把她的小剪子和花样子借给了我,好高兴啊!母亲把花样弄上水给我熏好,用纸捻儿钉上,我就开始剜了,从那以后婶婶就不剜了,家里的花花都由我来剜。开始剜的时候都捅烂了，这个碰断了，那个捅破了，但母亲没有怪过我，还鼓励我："没事儿，远看花花的，近看巴巴儿的。"第二年剜的就好些了，到了第三年婶婶家的，婆婆家的，姑姑家的就都是我剜的，等我到了十几岁的时候就剜的很不错了。高家村的人过了我生母的村子，都会告诉她："静兰剜的窗花花可好了！"那时候剜窗花就是玩儿，没有把它当回事儿，剜的好了受到大家的表扬就很得意。

你看，我就是这样给大人夸着学会的，现在想想母亲真是好，从来都是鼓励式的。其实小时候生活挺苦的，记得过去过大年的时候要磨豆腐，我们村子的水不好，只能到五六里地之外的水泉梁磨，父亲一到天冷的时候就病了，我们那里叫作："河开河冻，呵喽地要命！"呵喽病就是现在说的肺气肿，一到天冷的时候就严重，到了开春的时候就会慢慢好起来，所以一到春节我就只能一个人装上豆子和村子里的人一起到那么远的地方磨豆腐。虽然小时候生活挺苦的，但是父母对我的态度总是那么宽容。记得有一年家里一点钱也没有，过年了，父亲从别人家借了五块钱，让我去高勿素买年货，结果钱装在口袋里却丢了，回来的时候父母都没有责怪我，那个大年家里可怜的，也不知道是怎么过的。还有，记得离村子不远处有一支在这里种地的驻军，总部在张家口那边，他们那里隔三差五的就会放电影，村子里有个哥哥，大我十几岁，等他们去看电影的时候我就拉上他的底襟一起去看了，回来的时候父母也没有怪过我，如果是别人家早就着急了，怎么能和男孩子一起去看电影呢！那时候我小，哪里知道这些。就是这样的，我的成长很少受到父母的限制，就是这样自然而然的成长，家长没有说不让你干这个不让你干那个的。

我们剜窗花都是春节里剜，一去上学就没有那种气氛了。我们那会儿上高小的时候正是文化大革命，十二三岁的年龄，到了冬天就不好好上学了，就跟着宣传队唱，那时候也没有什么课本，就用的《毛主席诗词三十二首》，背那个，背着背着就不上了，过了两年又告诉我们可以升初中了。我上初中的时候还被选上当红卫兵，其实自己也不知道红卫兵是干嘛的，只知道学校抓的可紧了，让我们这些人早上领着同学做早操跑步，可有信心了。后来上初中（公社的中学），社里边组织毛泽东思想宣传队，我也是宣传队的，放暑假的时候都没有回家，让我们在学校大礼堂唱，唱样板戏，我扮演剧中的铁梅，也不知道给谁唱的，人家让唱我就唱。稀里糊涂什么也不知道，就是这样。（笑）

**姬：小时候刚学剜窗花的时候有人教么？剪纸时有什么窍门么？您是怎么学的？**

刘：我那时候学剪纸也没有什么专门的老师教，大人都忙，哪里有时间教一个小孩子学剪纸！只是告诉你细毛毛怎么下剪子，圆圈怎么下剪子，给了你花样子自己回去熏下来剜吧。这剜的时候，就该一边剜一边琢磨了，怎么下剪子才能剜的齐，细毛毛怎么剜才能剜的细。后来自己就总结出诀窍：所有的圆圈都是从中间下剪子，然后再剪四周，这样就不会毛糙。剪细毛毛的时候先用剪刀咬住纸，再松松的拐过来，这样就会又齐又细了。剪纸其实没有什么诀窍和口诀，只知道剪的不好的时候母亲说："远看花花的，近看巴巴儿的"。再后来你剪的好的时候就说："毛毛剪的长甚甚的，档档剪的细针针的，贴在窗户上又亮堂又好看"，就照着这个标准去剪。还有我们那里夸女子巧的时候说："天上飞个什，地上剪个什。"我当时就想啊，啥时候我才能天上飞个什，地上剪个什呢？（笑）

　　学这个剪纸，喜欢它，一直都没怎么把它当回事，也没觉得有多大难题，就是一个用。小的时候熏完那个花样子了就剪，剪完了就贴，贴也不是我的事，每次都是父亲贴。我父亲贴完了我看，然后没事了就一群小孩去看谁家的窗花好，同村的看，外村亲戚的也看，看到谁家的窗花好了，就问人家从哪里拿来的，有的家就说是从姐姐家姨姨家拿来的，或是从另外的地方收集回来的窗花样子。就这样一路问过来，看到哪个好了第二年的时候就去熏过来，或者在他家换窗户纸的时候去把上面的窗花慢慢揭下来。我们的窗户纸都是麻纸，一般两三个月就要换一次，因为时间长了屋里的烟灰就把它熏成黑了。只有过年的时候有这个氛围，平时去上学也没有剪纸的氛围。

## 二 离开"窗花花"

　　"过去村子里的女孩子在家里就是做家务，喂猪、喂鸡、下地还有生产队的活要干。我从小爱看书，可家里能看的书很少，有个什么《苦菜花》之类的书就高兴的不得了，白天劳动晚上就等父母睡下了，点上煤油灯看，家里还不舍得那点煤油，不停地催你睡觉。"

**口述人：刘静兰**
**时　　间：2007年8月14日**
**地　　点：北京市高碑店刘静兰工作室**

**姬**：您的少年时代正是文化大革命时期，文化大革命破四旧，那么剜窗花也应该在四旧之列吧？这段在剪纸上属于空白时期的少年时代又是怎样一种生活状态呢？

　　刘：我小时候叫刘闰兰，到上了学的时候就有了第二个名字。当时到了该上学的年龄，母亲就跟我说：我不会取名字，你就让老师给你取一个上学的名字吧！当时老师也不知道咋想的，看了看我就说：那就叫刘进兰吧！前进的进。

　　但我只读到初中就不上了，现在想想还是很难过。初一下半学期我父亲就不让我上了，初一上了一个学期，我父亲就到学校里跟老师说我不能上了，家里母亲病了，要让我回去照顾，当时我就在学校里哭的不行了。村子里和我同岁的就有十个女孩子，有一年不知是怎么了就一下子都找出去（找婆家）了。当时我父亲有病，母亲也有病，家里我弟弟也需要照顾，就觉得应该招个女婿回来帮着照顾一下，母亲就张罗着给我找对象，说你找出去婆婆那边就会给你做新衣服，那时候穷，姑娘找出去了就能穿新衣服了。我那时候主意可真了，我说不！当时刚不上学，心里难受的收不回来，还是想上学。后来介绍了很多我都不见，可能是家里就我一个孩子宠得太狠了，父母也没有办法。有一次下午收工回来，就看见炕上坐了邻居大爷，还坐了个年轻人，看像是相对象的，我气的不吃饭。等他们走了，气得跑出去不愿意回家。等晚上回来家，母亲就哭着跟我说："我这也是为你好，你看你这书也不念了，也十八九岁了，一个村的女孩子都找了人家，你也该找对象了，妈妈也是为你好。"我说："妈妈，你就别管我了，我现在不想找。"那时候……想上学……（每次提到这件事，都会不由地流眼泪。）

你说女孩子不上学干什么？过去村子里的女孩子在家里就是做家务，喂猪、喂鸡、下地还有生产队的活要干。我从小爱看书，可家里能看的书很少，有个什么《苦菜花》之类的书就高兴的不得了，白天劳动晚上就等父母睡下了，点上煤油灯看，家里还不舍得那点煤油，不停地催你睡觉。

我那时候初中没上完，但也算是有文化的了，后来公社开会，村委副书记就让我去开会，有什么精神就下来传达，村里做计划生育工作时，就帮着填表什么的。十八岁那年我是村妇联主任，就是传达上面的精神，妇女解放了，不要彩礼了，自由恋爱了，计划生育了，我就好好地把它做完，平时也不爱吱声，就这样干

▶ 18岁，我当上了妇联主任。

的挺好，大队就选我当了民兵连长。其实心里还是想着上学的事，印象里十八岁的那年冬天的天气，就像今天这样灰灰的，心情一直都不好。那时候领着一群女人们劳动，马拉上篓子，耕上几圈，人和马都累了就要坐下来休息，别人都在玩耍，我把马缰绳缠在腰里，心里难过的，现在想起来还是为不能上学难受，到中央美院讲课，也是一有机会就去听讲座，大学多好呀！

后来慢慢走出来是从那次修大坝开始的，当时我是民兵连长，我们连男的少女的多，大集体的时候经常出去修公路、修水库，男的没有，我就领上女民兵去修水库、推小车、推土、大会战，去修水库的其他连都是男的，我带的都是女的，和他们不住在一个村子，我还得想着怎么把这些女孩子管理好呢，休息的时候就带着她们看小人书，看报。到年底的时候，全公社开三干会（生产队长、大队书记、公社干部三级干部会议），个人受表扬的就我一个，有的连男孩女孩打斗得闹腾得不得了，就我们连表现好，无论出工

还是纪律都好。

  坚强起来了慢慢的就有了精神，又张罗着给家里盖了房子。小时候我总想什么时候能够盖一个大的房子，墙壁能够是直直的，平平的能够直起腰站在床上。那时候盖房子也用不了多少钱，四五百块钱，叫上我们村的青年突击队帮着盖起了老家的那个房子，就是给人家管顿饭，但是粮食还是不够，就骑着自行车

> 这是1976左右的民兵训练。

> 坚强起来了，就干的挺好。

跑六七里地到亲戚家借，带回来磨成面给突击队盖房子的时候吃。这些事自己都记不得了，那时候我爱人跟别人说起：人家静兰那时候一个小女子家还自己盖房子呢！我一听，噢，才记起来那个房子是我盖的（笑）。想是那时候村子里人夸我，跟他说的。

  我1973年当了大队妇联主任，1974年当民兵连长。那时候主张提拔年轻干部，1975年就提干到公社了，任公社党委副书记，粉碎四人帮，我任公社妇联主任。其实我参加了工作以后就不怎么剪纸了，回家的时间也短，刚开始回家的时候，还抢着剪一些贴一贴，但也是很简单的了，当时村子里贴的也少，都不在乎了，窗户也大多是大玻璃，几个样子就行了，不像过去的那么讲究。文化大革命时期要破四旧，都不让贴窗花了，记得中间有一年就根本不贴了，让贴毛主席语录，在学校里老师用毛笔写下来，我们用红纸剪出来贴。文化大革命之前还有很多，还是过去那种贴法。

# 本章小结

"文化是依赖象征体系和个人的记忆而维护着的社会共同经验。"

——费孝通

  农耕文化是在一个封闭空间中对于如何从自热中获取生活需求的集体经验积累，这种经验适用于生存其间的人，因此，人们需要习得的生存准则就成为生存的必须。

  刘静兰正是生活在这样一个文化空间，她学习剜窗花是自然而然的事情，过年要贴窗花也是世代流传下的仪规。那么这种生活方式因何存在？在人类最初经验积累阶段，节庆、舞蹈、剪纸以及现在所说的民间艺术行为都与辟邪吉祥纳福有着直接的关联，它们是人类表达情绪和记录经验的方式。当这种关联逐渐被淡忘或忽略之后，这些行为便成为失去原意而具有固定程式的"仪式"。

  "仪式"何时被打破？当原有生存空间被打破，原有生产结构发生转变，加之工业文化的侵入深刻撼动了农耕文化的根基。刘静兰相对于上一代人来说，其知识结构和意识形态都随着原有生存空间的打破而发生变化，此时，基于时代积累的生存经验不再实用，"仪式"随之变化。

## 注 释

[1] 高尚胜口述：我的太爷爷时候来的这里，我们高家是这个村子的第一家，来到这里的时候是一片荒原，这个村子大概也有一百三四十年的历史了吧，我太爷爷的故乡在西洋河柴沟堡，属于河北张家口地区的，在张家口东南方向。（高尚胜，二十世纪四十年代出生，自小长在高家村，务农）

[2] 此为王耿梅（郭婶婶）口述内容。王耿梅，1936年生，祖籍河北省尚义县，1955年嫁到高家村。

[3] 清末人口转移原因有三：一、清中后期人口激增引起人均土地不足以糊口。清以前官方统计的人口数量最多六千多万，专家推测明后期人口已达到一两亿，由于明清之际人口锐减，清初期人口数量大概不会超过一亿人，到了清中后期，人口激增至四亿多，成为历史上人口增长最快的时期。庞大数量的人口致使土地粮食价格暴涨，民间民不聊生，衣不遮体，食不果腹。二、清末面临国家动荡，外辱不断，巨额赔款分摊到每个中国老百姓头上，人民处境雪上加霜。三、商都地区地处山西、河北、内蒙三省交界，清朝时原属河北张家口地区，清朝的垦边政策促使晋西北地区人口大转移，晋西北地区原本土地贫瘠，干旱少雨，流行于那一带的民谣："河曲、保德州，十年九不收。男人跑口外（'西口'外），女人挖野菜。"因此，这里的人们只得背井离乡，千里迢迢到俗称"口外"的内蒙古逃荒谋生，地处边界上的商都就成了垦荒的热地，而此地牧民则被驱逐到草原深处。

[4] 张大女（刘静兰的婆婆）口述：咱们这里的胶泥可好了，拿回来打碎了，用水和成团放在塑料袋里发酵两三天，拿出来揉一揉摔一摔就可以捏泥人了，不会裂。

[5] 温可珍口述内容，小海子乡水泉梁人，男，1932年生，籍贯山西天正县。温可珍的爷爷辈就来到水泉梁村，当时村子里只有四五家人，如此推算水泉梁村建村也最多一百四五十年，村民也为山西和河北人居多。

[6] 方言，捡。

[7] 三星通常指天空中明亮而接近的三颗星，天空最著名的三组"三星"是："参宿三星"、"心宿三星"、"河鼓三星"。

最著名也是最亮的是参宿三星，这是我国古代天文学及民间对参宿一、二、三（即猎户座 ζ、ε、δ）三颗星的称呼，有时直称为"三星"，是猎户座"腰带"上最亮的三颗星，三星相连成一线，亮度较强而且基本相当。我国民间称之为"福、禄、寿"三星，观察三星的变化可知季节的变化。

心宿三星相连成一线，中央的心宿二即天蝎座α为全天最亮的一等星之一，是一颗红巨星，心宿一、心宿三则较暗。

河鼓三星亦称"扁担星"，我国古代天文学及民间对河鼓星官（属牛宿）三颗星（即天鹰座β、α、γ）的称呼。中央的河鼓二即牛郎星，为全天最亮的一等星之一。在我国古代传说中，是牛郎及其一双子女的化身。

刘静兰口述中的三星所指是哪一个三星不详。

（以上内容出自百度网站：http://baike.baidu.com/view/1001168.htm）

[8] 从地市角度来看，商都县的人口多数来自于河北张家口地区和山西大同地区，但是站在整个黄河流域大的地缘上来说，商都文化源自于仰韶文化、大汶口文化、红山文化融合后的产物，它与黄河流域其他地区有着文化上的共性。从题材上来说，商都剪纸中的扣碗、茶壶、猫猫、狮子滚绣球、抓髻娃娃、娃娃抱鱼、鱼戏莲、石榴、瓜、回头鹿、白菜、老鼠啃葡萄、老鼠爬杆儿（老鼠上灯台）等，在黄河流域其他地区，如甘肃、宁夏、山西、陕西、河北、河南、山东，这些题材具有一定的普遍性。这种相似从考古学与环境学的角度看并不难解释，相同的文化种子、相似的环境与生存方式塑造了相似的文化。唯一能够看到的不同是在采访中和遗存的窗花中不曾发现龙的造型，为什么这种全国普遍的题材，唯独在这里没有呢？

[9] 高家村的高尚胜说过去人们把这种造型的庙叫作"坟"。

[10] 圆形方空铜钱。

[11] 方言，就是会剪的意思，但是未必能够剪的好。

[12] 方言，第二年。

# 第二章 告别村庄

本章综述

  告别村庄,刘静兰进入一个全新的生存空间,在这里,原有的生活经验不再适用,在这个标榜创新与个性的时空中,刘静兰将如何转换角色?她又将如何从群体创作传统转入个性创作时代?

  刘静兰到来的时代,城市是怎样的状态?八十年代城市的重要议题是回归传统,然而城市的传统是什么?在城市规则被打破之后的重新整合中,它会选择怎样的传统定义?带着村庄特有的坚韧性格走进城市,刘静兰开始了解它,融入它,并努力找寻剪纸创作的基点。

## 第一节 原来"窗花花"也是艺术

### 一 厂子

"一次人家结婚就来找我,'刘师傅,您的喜花剪的那么好,我快结婚了,给我剪一个喜字吧,边上配上些花花更好看些。'我就想办法在边上加上花,就这样一个传一个的,以后厂子里的同事亲戚朋友孩子结婚用的喜花就都来找我剪了。我们单位几千人,所以我就说,人家都是四季忙,这下倒好,我倒成了四节忙:元旦、春节、五一、十一。"

**口述人:**刘静兰
**时　间:**2009年4月30日
**地　点:**内蒙古商都县小海子乡高家村

**姬:** 看到您现在的状态,总想象不出来当时在那个红色年代里您是什么样的,前进!前进!刘进兰!

刘:是的(笑),想想小时候家里的事都要自己做,结婚后就完全不一样了。你看,别人都记得小时候过大年迎喜神的事儿,我却不记得了。当时家里的活儿都是我干,大年初一早上我起的晚,再加上干活儿慢,等我包完饺子,招呼全家吃完饭,洗涮完就很晚了。我也知道人家穿上衣服去迎喜神了,可是我没有时间去。小时候干活没人替,每年过年人们习惯性的包上一顿饺子,蒸一些糕、炸上一些油饼、做上山芋子,做完以后冻起来,什么时候吃,一蒸就行了,这样大家出去玩了,回来的时候就可以吃现成的了。

后来认识了赵平,记得有一年他过年叫回来,我正在搓山药芋子,赵平说来我来帮你搓,当时我幸福的,从来没有人帮我干活,我一直认为什么活儿都该是我干的。赵平是个很细心的人,我们结婚后的一切事情都是他管,我一下子变得好幸福。

我1980年结的婚,我爱人赵平和我从小就认识,两家的村子很近。1982年生了我姑娘,1983年调过去包头的,到了包头我才改名叫刘静兰,往包头调的时候,我爱人就说:太累了,别前进了,静一下吧!就改成了刘静兰。

**姬:** 刘静兰这个名字倒是挺合适你现在的状态,接着您就离开了故乡到了现在您的单位包头市化工一厂,那么到工厂都是做哪些工作呢?从农村到城市工作环境变了,还剪纸么?

> 是厂子成就了我，在厂子里的生活很开心，很单纯，除了工作就是剪纸。摄于1985年

刘：我是1983年调到包头化工厂工会的，过去到工厂工作如果没有技术也下不了车间，所以我进厂子的时候就把我分配到工会，任女职工委员会主任兼宣传文体工作。

以前在村子公社当干部挺不容易把握的，当时上面下达的任务并不是很明确，我们主要处理的问题也是些社会关系问题，很复杂，很难做，比如说计划生育了、教育了、三干会、四干会都是很难做的，不过也锻炼了我心胸宽广地去做工作的性格。从那样复杂的工作环境来到厂子里工作就很容易了，厂子的任务相对具体简单，再加上厂子里工人的素质都很高，做起事情来就很容易了。记得当时要是组织一个什么任务，不需要我想太多，她们就会想出很多的好点子，每次的结果都是出乎意料的好。

说来说去还是工厂给了我发展的机会，现在想想，我很庆幸我能来到这个厂子，是这个厂子让我重新拿起剪刀。1984年厂子里举办职工书画展览时，见到上面也展览着剪纸，是花篮，还挺粗的，心里想我剪的毛毛细生生的一定也能展，工会里的肖师傅学过画画，他住在东和区，平时就经常会给区里画窗花还有刺绣纹样。我说：肖师傅您画，我剪好么？肖师傅说好啊！就这样我和肖师傅合作参加了厂子里的展览，是一个团花，还获了一等奖。

姬：是的，当城市里已经把剪纸当做艺术品来欣赏时，农村则开始抛起自己的传统，是厂子成就了您的剪纸艺术。那么在老家时会剪团花么？来到城市后您如何适应这些并不熟悉的题材呢？

刘：离开了老家重新拿起剪子去剪，突然脑子里全空了，就想着怎么剪呢？过去在老家从来没有剪过那么大的团花，是到单位里才看到展览上有那样的剪纸的。刚开始就让肖师傅给画样子，可是时间长

**剪出来的大师** 第二章 告别村庄

≫ 团花 45厘米×45厘米 1984年第一次参加展览的团花，肖师傅画我剪。

了也不能总是麻烦人家呀，就自己摸索着设计，其实团花剪起来并不难，一般都是折叠式的，折起来就也是不大一块纸，剪功我没问题，团花构图的困难是折叠的那一条线需要花些心思处理，处理不好就是一条很明显的线，很难看，所以在设计的时候就要注意线条的穿插，这儿掏空，那儿的线穿过去，这样看起来才自然。

可是，你知道，我当时最重要的问题不在于构图和剪法，那些都是可以慢慢积累经验，慢慢克服的，最后的问题是不知道该怎么剪。这不是在老家，大家都知道过大年要剜窗花花，什么样的窗花花是好的呢？所有的人都知道：窗花花只要剪的"毛毛剪的长甚甚的，档档剪的细针针的，贴在窗户上又亮堂又好看"，这个标准一直是我小时候剜窗花的标准，可一下子到了这里，人们过年也不剜窗花了，参加展览看到的又是大大的团花，突然心里就没数了。

但厂子也给了我许多创作的机会，当时因为我在工厂里经常参加展览，厂里的人就都知道我剪纸剪的好，一次人家结婚就来找我，"刘师傅，您的喜花剪的那么好，我快结婚了，给我剪一个喜字吧，边上配上些花花更好看些。"我就想办法在边上加上花，就这样一个传一个的，以后的厂子里的同事亲戚朋友孩子结婚用的喜花就都来找我剪了。我们单位几千人，所以我就说，人家都是四季忙，这下倒好，我倒成了四节忙：元旦、春节、五一、十一。1984年我重新拿起剪子，一直到1987年这中间都是在摸索着剪，特别想剪，到处找样子图案来剪，可是现在看来剪的不好。

## 二 重拾剪子

他感到很奇怪，这么大了学画画干什么？我说学了画画好画下来剪纸呀。他听了就说：那我不能教你画画，你为了剪纸学画画，最后的结果是"洋"的学不会，"土"的也丢了。你剪纸应该去找你们那里的老大娘学呀！我说我们那里没有老大娘，我学剪纸是照着花样子学的。兰老师笑着说：噢！那个窗花花呀！那个更好！

**口述人：刘静兰**
**时　间：2009年5月3日**
**地　点：内蒙古商都县小海子乡南梁村**

姬：谈谈当时的创作吧，当心里没有了标准和样子的时候你都参考什么来创作的呢？

刘：当时创作的主要是团花和喜花，因为大家都知道我剪纸，就很主动地给我提供样子，只要他们认为好的样子就给我，我自己也把所有能看到图案留下来，书上的报纸上的猫啦、狗啦的样子了，肥皂盒上的喜花了，脸盆底的图案了，我都拿回来照着描下来剪。你看，就是这种的，当时就觉得这种好，这一幅是从报纸上描下来剪的,虽然还是用上了小时候学的剪纸语言,像细毛毛了、月牙纹了、小圆点了,葡萄的剪法也是,可是造型却是像画画一样的猫、画画一样的狗,有时候还很认真的想把猫爪子弯过来的那个样子表现出来,结果费了很大劲儿,剪出来却很难看。

你看这幅就是同事给我的香皂盒上的团花,现在看看,传统的剪法就不会是这样的,传统里很少前面遮挡后面的,都是一个个完整的排列出来,喜字也绝对不会遮住半边,这些都是后来看了很多老窗花后体会出来的,也看了些理论书籍。

≫ 猫 15厘米×22厘米 这是报纸上的猫,多像画画的呢!上世纪八十年代前期创作。

> 喜花 25厘米×31厘米 这是肥皂盒上的图案 上世纪八十年代前期创作

剪出来的大师　第二章 告别村庄

≫ 喜花 30厘米×33厘米 你看那个前后关系处理的就不是民间的味道。上世纪八十年代前期创作

>> 羊（残） 20厘米×20厘米 上世纪八十年代创作

再看这两幅，喜字后面的那个莲蓬非得那样过去，还要表现出来喜字在它的前面，在剪那个穿插的时候那个费劲儿。还有那个羊，处理前面的草的时候，一定要遮住羊，羊后面的花也是遮住了半边，当时就是这样的。像这些作品都是画出来的然后再剪的，这样的剪出来就感觉得死，不够生动。

姬：那么您是如何从当时那种盲目的状态中走出来的？什么时候意识到这样不好的？

刘：要说起这个事情，我就要感谢包头市九中的美术老师兰尚廉。重新开始剪纸之后，虽然当时也能把毛毛剪得细生生的，但是心里没有样子，还是剪不出来，我爱人就说，那你就去学学画画吧。当时大概是1988年，那时候我们在九中大院里住，兰尚廉老师是我爱人的同事，他是刘大为的老师，教画画的。我就去找他了，他感到很奇怪，这么大了学画画干什么？我说学了画画好画下来剪纸呀。他听了就说：那我不能教你画画，你为了剪纸学画画，最后的结果是"洋"的学不会，"土"的也丢了。你剪纸应该去找你们那里的老大娘学呀！我说我们那里没有老大娘，我学剪纸是照着花样子学的。兰老师笑着说：噢！那个窗花花呀！那个更好！你就去找你们那里的窗花花剪吧，然后琢磨那个窗花花的样子再创作。兰尚廉老师这么一提醒，才算是把我引上了正道。听了兰老师的话，才知道老的窗花花好，应该去找老的样子学。这样过年的时候回老家就把邻居家木格子窗户上的窗花，还有村里三大娘家有的窗花都熏下来。不好的给它改造一下，无论丑的喜的我都收集回来，不单单是商都地区的，还有化德县、兴和县的窗花。直到现在，和大家提起这事，还都说我能有今天还多亏了兰老师的指点了。

&gt; 兰尚廉老师是我走向剪纸创作的指路人，是我剪纸生涯的转折点。兰老师有很多学画画的学生，现在他又多了一个剪纸的学生。

≫ 生命之树（复印件）25厘米×26厘米 我的创作受靳之林老师的理论影响很大。

≫ 万事如意 18厘米×19厘米 有很多因为作品都是受了谐音的启示创作的,看了很多理论书上写的。

**姬**：这真是您创作的一个重要的转折点，从盲目到主动。那么从您进了厂子重新拿起剪子一直到1997年化工厂改制，您在厂子里剪了一大批的喜花，谈谈那些喜花吧！喜花的创作对于您之后的剪纸创作有什么样的作用呢？

刘：从1988年兰老师给我说了之后，1989年春节回家的时候我就开始收集窗花花。现在想想，如果不来包头，不进工会也就不会继续剪了，我们那里的剪纸也就失传了，现在回去老家都没有人再剪了，老的窗花花也都埋了[2]。

当时在厂子里的生活很简单，除了工作就是剪纸，总是盼望能够赶快退休，这样就能一门心思地剪纸了。厂子里的人们结婚了就要在窗户上、门上、柜子上贴一贴喜花，就过来让我剪，这个来找，那个来找，那时候我是一年四忙，一到结婚的时节就忙得每天都在想怎么设计喜花。当时厂子大，几千人的厂子，就这样不停的剪，给了我很多创作的机会。我的性格是不愿意重复的，每次给厂子里人剪喜花的时候我都会很认真地想，希望能够设计出新鲜巧妙的样子来。有时候大家开会，上面的人在念上级精神，我就在笔记本上点点地画，会开完了我的稿子也出来了。

喜花和小时候的窗花花不一样，首先尺寸大，那么大的空挡里除了动物外就要安排一些花啦草啦鸟啦；还有就是，既然是喜花，就要有美好的意义在里头，当时总是不愿意重复一个样子剪，现在看那时候的喜花，真是花了不少心思。

这个《生命之树》的创作，也没有想很多，可能是看了靳之林老师的书吧，当时像剪纸研讨会上发的文章了，我都看，遇到一些相关的理论书籍我也买回来看，上面就写着一些类似这样的理论，在创作的时候就会从中获得灵感。然后我重新回家收集了老的窗花花，仔细看了发现我们的窗花花就像书上说的那样，那个碗里长出来的花呀草呀，那么有生命力，可能是从这里得到的启发我就创作了《生命之树》，上面的花呀桃子呀，丰收的感觉，桃子代表长寿，也是吉祥的寓意，中间的喜字笑眯眯的。

看了一些理论书籍后，上面有很多利用谐音来创作的，我在创作喜花的时候就也加进去了。你看这幅《万事如意》就是把万年青、柿子、如意头放在一起，就这样凑成了万事如意（笑）。

当时创作喜花也是实验性的，喜花一般中间都会放一个实实的喜字，这一幅创作的时候就想着，如果把那个喜字掏空了会是什么感觉呢？在创作的时候就把喜字掏成花花的，现在看来掏空了不好，还是实一点比较好。

我的喜花剪好了就放在办公室里，大家你过来看一下，我过来说一句，有的是开玩笑，有的就正经地给你提建议，无论是谁说，我就用心听着呢，这个鸳鸯戏水的喜花，前面创作的那个是折叠式的，一对对鸳鸯，有的就说了，两只都是花花的，那不是两个公鸳鸯的么？虽然是句笑话我还是放在心上了，下次再设计的时候就不用折叠式了，改成一个公一个母的（笑）。设计喜花可高兴了，每个喜花设计得时候都有不同的想法，这个《心花怒放》现在看也挺生动，让花从心里长出来，结婚了，高兴得心花怒放的。

有的作品剪完之后，人们看了就会产生疑问，像我原先创作的那个《八面威风》，刚开始想着把龙尾巴甩出去就不剪了，后来我一个同事过来看到了，他转着使劲看也没有看出来是什么，咦，这到底是什么东西呢？人家不知道，我心里清楚，就觉得作品创作出来让人不认得不好，这个作品就不成功，后来就又改了一下，这个作品改了好几稿，像创作喜花的时候也是不断听取别人的意见，不断修改。

有时候创作的时候想的很好，剪的时候特别费劲儿，可是效果未必好。你看这个《喜结良缘》，是给一个姑娘出嫁的时候剪的，当时琢磨着中间放着一个桃子，桃子上是一个笑眯眯的喜字，就像女的出嫁了高兴的，喜字上面的两朵花就像两个抓髻，下面掏的那个叶子就像领结那样的。剪得中间桃子掏空了，桃子里面又是实的花，就像书上说的阴刻阳刻那样的折腾了半天，现在看起来整体效果还有点单，当时就想剪的巧一点，花了不少心思。你看周围的图案是万字不断头，这个符号在我们民间经常用到，我们绣的鞋垫就经常用这个花纹。

其实这一批剪纸都是重新学习了老的窗花花之后的创作，想不起来的时候就静静地复制一批老样子，很多好的样子就刻在心里面了，想用的时候就会跳出来，你看那些桃子啦、石榴啦、花啦、鸟啦，都是老样子里头的。有些老样子里没有的就到处找那个造型，拿回来再加工一下，这幅《情投意合》中的琴谐音情，老样子里没有的，也不知道当时从哪里找来的样子，一道道地挖出琴弦，可费劲儿了，这个是剪纸风格还不太成熟的时候剪的。

在设计喜花的时候，真是该想的都想了，最后就想着把两个人的属相放在一起，像过去我也不知道什么十二生肖的说法，我们每年刻的就是以前的那些个样子，也没有说猴年剪猴，马年剪马的，后来人们就那么相信那个生肖。

到了1998年以后就不怎么剪喜花了，一是1997年厂子破产，人少了需要的少了，我1998年又当了工会主席，工作比较忙，就没有时间这样的那样的想着去设计喜花了。另外我周围的同事们在我的带动下也都会剪了，有谁需要了找她们剪就行了，她们拿过我的样子照着剪，剪得也都挺好的。

▶ 鸳鸯戏水 20 厘米 × 24 厘米  同事有的正经提建议,不管他们是不是开玩笑,我都好好听着呢!

# 剪出来的大师  第二章 告别村庄

> 鸳鸯戏水 20厘米×24厘米 觉得不好了，第二次就改过来了。

≫ 心花怒放 18厘米×20厘米 结婚了,高兴的心花怒放。

▶ 喜结良缘 19.5厘米×20厘米 小小的喜花让我费了不少的心思，可是有时候费很大劲儿，不一定有好的效果。

≫ 情投意合 19.5厘米×20厘米 这个琴是传统样子里没有的。

≫ 生肖喜花 25厘米×28厘米 所有能想的都想了，就想着把两个新人的属相放在一起设计喜花。

**姬**：厂子里大量的喜花创作使您的创作逐渐成熟，总结一下这段时间的创作在您的整个剪纸生涯中占着什么样的位置？

**刘**：可以说八十年代末到九十年代初我都在摸索着创作，不知道什么是好的作品，去参加展览人家说好作品，我也不知道好在哪里，后来经常参加展览看作品，人家说这个好了，我就回来仔细琢磨，慢慢地去认识好的剪纸。到了1994年我的《老窗花》获得了中国民间艺术一绝大展铜奖以后，才开始慢慢明白一点，感觉自己的风格得到了认可，可还是不太明白，一直到1998年才算知道什么是好的传统的，就这样，一边剪一边学，慢慢地形成了自己的风格。厂子给了我很多创作的机会，我在不断的创作和学习中慢慢提高，你看那些喜花也能知道当时的状态，都是实验性的。

## 第二节 厂子里的生活与剪纸

### 一 感谢厂子

"我们单位同事对我真的很好呀，他们出去还能想起来刘静兰喜欢剪纸，给我买圆弧状的小剪刀，小磨石，还有一个同事还给我拿了许多条厚厚的玻璃棒棒让我裁纸的时候用。我这一路走来，有很多人要感谢呢！"

口 述 人：刘静兰
采访时间：2007年8月14日
地　　点：北京市高碑店刘静兰工作室

**姬**：您谈到在厂子里有很多同事在您的带动下学会了剪纸，你教过她们么？你是怎么教的呢？

**刘**：我是不好好教的，她要是不想学，你使劲教也不行。就像我那个时候从抢着要婶婶的剪刀到自己琢磨着剪，一步步都是自己主动要学，没有人专门教。现在有很多人要跟我学，我都不太教他们。来找我学习剪纸的人很多，不同情况的，抱着不同的想法的。有的是一些退休的人，希望我组织一个俱乐部性质的班，交一些钱；有的是家长送孩子来学的；有的是一些年轻人希望学习一下，能自己支一个摊位赚钱的，反正各种目的的人都有。

当时在厂子里，同事看我剪了，她们就想法儿拿我的样子复印了剪，我觉得这样的态度去学就挺好，比师父硬教要好。我教的徒弟一般都是业余爱好者，都是我厂子里的同事，现在能够记起来的几个徒弟有马静华、胡燕、谭红春、杨利娟。有时候我不在厂子，厂里有什么活动就让她们去剪，她们也就有了积极性，把我的拿去学着剪。她们现在的活动都很多，还会拿了自己的剪纸去送朋友，说是刘静兰徒弟的剪纸。有一次我们店里的剪纸送过去做框子，就看到她们剪完了也过去做框子，剪的功夫倒是挺好的，反正只要她们高兴就行。他们也会参加一些总工会组织的展览和比赛，拿了我的样子放大了剪出来也挺漂亮的。就像上次市总工会组织的很多行当的大比武，就有我们单位的同事获奖上报，展开来看都是我的剪纸，高兴的不得了。我觉得也挺好的，能够经常参加许多展览活动，人家还会请她们给剪，剪纸让她们的生活更丰富了。

» 厂子里的姐妹们　我就跟她们说心里宽宽的，你笑，你闹，都是最真的。

我们内蒙古电视台做《西口风》节目时，我带着她们四个徒弟和我的女儿上去剪纸，让我剪，我说我不剪，让我的徒弟剪吧，演员前面唱什么她们就在后面剪什么，都是我设计的。她们都很高兴，还直问我：刘师傅，你带我们到省电视台做节目，以后能不能带我们到中央电视台做节目呢？我说你们好好剪，或许有机会。你看她们积极性多高！

其实我并不在意别人用我的剪纸，我们那里的包头王府井一个大商场的促销手段是这样的：顾客买了东西就送一个剪纸。那个奖品也是模仿我的剪纸，还有他们的广告条幅一条一条的都是我的剪纸，一些报纸上的报头图案也是我的剪纸。朋友发现了问我：你怎么不去告他们！我却不认为是多大的事儿，就想他们替你免费做广告呢！有什么好生气的。只是有时候也会不高兴，倒不是心疼自己那点剪纸，而是觉得他们为什么不知道自己动动脑子呢？

**姬：看了您之前在厂子里的照片，感觉您在厂子里的生活很丰富，很快乐，您说您的同事也都会剪纸，是受到您的影响么？厂子的工作对你的生活有什么样的影响？**

刘：是这样的，那时候进了厂子根本就不想那么多，有事就干事，一步步慢慢来呗，工作可顺了。厂子里还经常会有去学习劳动法这样的机会，可以到北京出差学习的任务，这样我就可以去看看展览，找找老师，拜访一些专家，长了见识，兴趣和工作两个结合起来。我们厂的厂长都可好了，经常会给我提供这样的机会。姚卫华是最年轻的厂长，1997年文化部群众文化协会在天津主办的民间美术理论研讨会通知让我去，我以为这个厂长不会批准让我去，结果拿过去直接就批了，把我高兴的回去抱着我的那个女同事就亲，哎呀，竟然同意啦！

亲戚朋友知道我剪纸都很支持，比如说我报社的一些朋友在报纸排不满的时候，就会想起我，把我的剪纸登上补空挡。我当时看了心里美得：唉呀，我都上报纸了！还有九中的王思昌老师，他是教学生创作课的，人可巧了！他用闹钟的发条给我做了好多刻刀，尖尖的，平平的，很多型号呢！虽然我没有用过，还是用剪刀剪，但人家的一片好心也鼓励得我更加努力地去剪。所以我就觉得周围的人对我好的，即使我不好也给我扶的好起来，好像是把我惯着这样就上来了，我自己还晕晕忽忽的，看那作品好什么呀。我们单位同事对我真的很好呀，他们出去还能想起来刘静兰喜欢剪纸，给我买圆弧状的小剪刀、小磨石，还有一个同事还给我拿了许多条厚厚的玻璃棒棒让我裁纸的时候用。我这一路走来，有很多人要感谢呢！厂子里一起工作过支持我的姐妹们，还有肖师傅。

## 二 厂子里的剪纸好友

"刘师傅没架子，人很好，谁让她给剪，她都剪，其实剪那个东西挺累的，你看，我们现在有时候剪得时间长了颈椎病、肩周炎，什么问题都出来了，但是她却没事儿，可能是身体体质好，我们私下里总结：肯定是她爱喝酒的事儿，舒筋活血嘛！"

——谭红春

口 述 人：刘静兰 刘静兰的姐妹们（姓氏简称）
采访时间：2009年5月5日下午
地　　点：内蒙古包头刘静兰家

口述人名单：

| 姓 名 | 出生年月 | 出生地 | 学习剪纸时间 | 剪纸之外的才艺 |
|---|---|---|---|---|
| 谭红春 | 1967年3月 | 包头 | 1985年 | 主持人 |
| 胡燕 | 1972年4月 | 包头 | 1993年 | 舞蹈 |
| 马静华 | 1969年2月 | 河南商丘 | 1994年 | 摄影 |
| 李雪梅 | 1969年2月 | 河北定新 | 2001年 | 画画 |
| 杨利清 | 1971年7月 | 包头 | 1998年 | 播音 |

姬：很高兴见到大家！一直听刘老师讲她厂子里姐妹的故事，两年了才见到大家，真是不容易。我们开门见山讲第一个话题：大家什么时候学的剪纸？为什么要学？

胡：我是认识了刘师傅以后才开始接触剪纸的，我们那时候都叫她兰兰姐。以前不想学是因为那些东西不美，激不起你想学的欲望，看到的都是很粗的剪纸，一直都不喜欢，而刘师傅的剪纸引得我想去学，见了她的剪纸才知道竟然有这么精细的剪纸，那个细毛毛是怎么剪出来的，那个小圆圈是怎么剜出来的，很好奇，就看她剪，然后就找她要剪子自己剪，心里想如果能剪成她那样的就好了。看了她的剪纸以后，再看街上的剪纸就觉得不好了，当时街上的剪纸基本上都是喜花居多，一个简单的喜字边上加上几个花朵，

## 剪出来的大师　第二章　告别村庄

花的造型很单，整体看也很单调，而刘师傅的剪纸设计的却很饱满。当时看到刘师傅的剪纸也是从喜花开始的，因为当时在工会里搞的就是服务性工作，谁家要结婚了，就过来请刘师傅给剪个喜花，孩子满月了，精致一点的也要剪个喜花。像刘师傅那么精细的喜花以前是没有见过的，刘师傅的剪纸很难模仿，那个细毛毛功夫很深，我们也刻意去模仿这种风格，但是细看还是能看出不同人的风格。

李：过去在包头见到街头卖的剪纸很少，一般都是刻的，类型就是简单的喜花和十二生肖。我老家是河北的，我十三岁来到包头，对老家的剪纸也还有一些印象，记得家乡的剪纸多是刻的，有的也是剪的，不用画，直接剪，想剪什么就剪什么。我进厂比较晚，2001年才开始拿起剪子学剪纸。

谭：我是1985年到的工厂，她刚进厂的时候黑黑瘦瘦的，眼睛大大的，梳着两条大粗辫子，人很漂亮。在剪纸上，可以说我是看着刘师傅走到今天的，我到厂子里看到的她的第一幅作品也并不好，后来她不停地剪，才越来越饱满，越来越好。原来我们不在一个办公室，但是我经常去她那里，我总爱找她要剪纸，当时她是有求必应，不像现在我们也知道她作品的价值，就不好意思找她要了（笑），当时她大的作品不多，都是小窗花类型的，很可爱，我就坐到她边上看，等她剪完就找她要，她也很慷慨，这算什么呀！给你一个，来，再给你一个！我收了很多她当时的小作品，后来慢慢地她越剪越多，还参加博览会展览什么的，我就不好意思再要了。

最初的时候我是不喜欢这些剪纸的，当时我们一个办公室的私下里交谈起来就互相问，你喜欢么？不喜欢！那你喜欢么？我也不喜欢！就是这样的。后来看得多了，而且刘师傅越剪越好，我们就慢慢喜欢起来。她的设计很有意思，有血有肉，有民俗内涵，剪功又细腻，尤其是那个毛毛很难学。

杨：是的，我刚开始学的时候就是剪不好那个毛毛，剪不好就断了，心想怎么剪才能不断呢？急的很，一着急就开始自己乱剪了，重新给设计了（笑）。

我原来是个播音员，入厂也比较晚，1998年我还管着复印打印，刘师傅经常来我这里打印，我就找她要，她就把我喜欢的复印下来留给我，就这样我才开始接触剪纸。

谭：楼道上有这么个喜欢剪纸的人，没有架子，谁让剪都给剪，所以就带动着整个楼道的女孩子都开始学着剪，机关里的女的都会剪，都还剪的挺好的。

刘师傅出的那本书已经让我们盗版的差不多了（笑），我们也经常把那些纹样放大了或者是缩小了剪，送朋友了，有时候甚至参加系统内部的比赛，她从来也没有说过啥。

刘：上次张老师给我拿过来一份包头日报，告诉我上面人剪的可好了，让我学习一下。我一看，这不是我的作品嘛，再仔细一看，呀！这是我们单位的人嘛！（笑）

马：现在人家让我们参加比赛什么的，我们都不敢参加了，我们用的都是刘师傅的作品，这不是明着盗版么？（笑）

刘：这真的没什么的，看到你们的头条我高兴还来不及呢！有时候去装裱店里装裱，经常会看到你们剪的我的作品大大的在那里装裱，他们店里的人说，你看到有什么感觉？我说，很好呀！他们问，你不难受呀？我说，不难受。人家告诉我，这是胡燕的。

胡：呵呵，没办法，现在大家都知道我会剪了，就到我家里来要，我也趁机吹嘘一把：知道么？我可是刘静兰艺术大师的徒弟！我现在可忙了。

姬：看到你们我才能感受到，刘老师在厂子里的快乐时光。那么我们第二个话题：大家各抒己见讲一讲刘师傅在厂子里的故事。

胡：那就太多了，我们当年特别崇拜濮存昕，我们在议论濮存昕的时候，她回头来一句：哪个车间的？（笑）

谭：刘师傅没架子，人很好，谁让她给剪，她都剪，其实剪那个东西挺累的，你看，我们现在有时候剪得时间长了颈椎病、肩周炎，什么问题都出来了，但是她却没事儿，可能是身体体质好，我们私下里总结：肯定是爱喝酒的事儿，舒筋活血嘛！（大笑）以前她特别爱喝酒，累的时候就来点酒，我们办公室就有酒，有好菜了，我们就偷偷喝上一点。

她很有毅力，不停地剪，天天就想着她的设计，经常会跟我说，我又设计出一个，我说，你怎么不拿回家剪，她笑着说，家里还有一个呢！还没有剪完。她回家剪纸晚上经常剪到一两点钟，就是这样的，她喜欢也就不知道累了。经常是我们开政工例会，上面在念报纸，她在下面拿了个笔记本，在上面点点点画画画地，不知道的以为她认真记笔记，一等例会结束，她就兴奋地给我讲述她在会上设计出来的剪纸稿子，她心里藏的东西很多，随时就可以调动起脑子里的图案，设计稿跃然纸上。

胡：而且她剪出来的要比画出来的还要好，画出来的只是大致上的造型，而剪的时候就更加丰富了，里面的装饰很精致。

马：我们还在单位里做饭，她做的莜面至今我还记忆犹新，当时我们办公室有一个火电炉，我们就用办公室的玻璃板当案板，她从家里带的牛肉臊子，嗨，那次她搓出来的莜面真是好吃！我以前从来没有吃过那么好吃的莜面，可能在一起开心的事儿。

谭：她静的时候特别静，但是动的时候却是特别闹！带动的我们几个一个比一个疯。

胡：有一次我们厂子里的人在卡拉OK唱歌跳舞，边唱边跳着，突然就见进了一个男的，刘师傅唱着亲爱的就一下把那男的抱住了，当场所有人都吓了一跳。后来才知道那是她爱人，之前我们没有见过。他们两个真是绝配，一家三口都很阳光，善良，性格开朗。不像有的两口子话少，他两个在一起话可多了，玩笑不断，笑声不断。刘师傅人很正直，和她接触以后，就觉得她的名字就是她的人生写照：兰心慧智的感觉。

马：她做事情很认真，因为喜欢剪纸，她就要把它做好。我就在想，无论做什么事情，只要有这种精

**剪出来的大师** 第二章 告别村庄

> 喜花 42厘米×42厘米 我们拿了她的样子嫁接,很多人都找我们给剪。胡燕剪。

神，没有做不成的了。

李：没有一些杂念之后她才能走得更远，这是我认识她后深深体会到的。

胡：她脑子里的想法很多，现在她做的其实只是在努力不断地把脑子里的想法一个个实现了。我们也有很多想法，但是不会画，也就剪不出来，不过我们有偷梁换柱的本领，现在厂子里都知道我们会剪纸了，刘师傅又退休了，谁家结婚了就会过来找我们给剪，我们没办法就把刘师傅的十二生肖找出来，拼到一起来，就成了一个新的喜花了。你看我这幅作品就是用的刘师傅的生肖造型拼出来的，这是我小姑子结婚的时候，他们两口子一个属龙的一个属兔的，我就这样给嫁接了一下。

谭：我们经常这样干，这个放到哪儿，那个放到这儿，放大了缩小了去嫁接。

刘：以后参加展览比赛都要去，没有什么的，反正你们都是刘静兰名正言顺的徒弟嘛！（笑）

谭：可是你知道，你剪出来的是自己的创意，而我们剪出来的却是临摹，大家心里都很清楚，我们做的改造也是在你的基础上的，实在没有你剪得细的就剪的粗一点，两道道剪不成就剪成一道，小圆圈剪不小就剪得大一些。

胡：她一直说她最大的心愿是能够早退休，这样就可以把时间给剪纸了。有时候她从北京参加活动回来就批评我们：你们睡觉呢！怎么不多创作一些呢！

李：就我们现在这个水平，平时就已经忙得够呛了，一到过年，整个一个腊月都在忙着给大家剪窗花，这个也要，那个也要，给了这个，没有给那个就不行，当然我们都是白送的，可还是挺高兴的。可是对我们来说创作并不是一件简单的事情。

刘：看吧，我的市场被她们白送出去一大部分，手里有了就不来买了呀！（笑）

杨：来要的人也都是喜欢的，自己的亲戚朋友，懂一点的。现在越来越多的人愿意欣赏剪纸了。

胡：刘师傅的剪纸很雅致，看到她的作品就觉得应该裱起来挂起来，尤其一些作品选择用白色，白色不容易褪色，用绿色一衬托，真是漂亮，把它挂在书房、餐厅、卧室都很合适（笑）。

谭：其实刚开始的时候我觉得她的剪纸挺土的，接受不了，后来才慢慢接受的。

**姬：那是什么时候观念有所转变的呢？因为什么原因呢？**

谭：八十年代的时候还是接受不了，后来到了一九九零年以后就有所转变了，让我来说，我觉得主要是她的作品变了，可能是在城市里时间长了，无论是思想上还是审美上都逐渐和城市人的生活接轨了，她的创作就产生了一定的变化，她的东西开始变得雅致，不是完全的民俗了。

胡：逐渐就感觉到她的东西就不应该是贴在窗户上、门头上，她的剪纸开始进入现代人的生活家居里，非常合适，同时也感觉很有文化品位，一看到你有这样的家装就能提高你的文化档次，书香气很浓。她的剪纸没有土气，传统剪纸通过她的手变得雅致，使得土气的东西登上大雅之堂。

杨：变成一种艺术，现代人都愿意用艺术来装点自己的生活，挂上这个东西就感觉自己是文化人了，人们现在不是都喜欢附庸风雅么。在单位我们在一起剪的时候可有气氛了，就愿意剪了，可是一个人剪是很难坚持的。

马：所以我觉得刘师傅这种一个人的坚持很不容易。

胡：你要抛开所有的杂念静静地坐在那里才行，剪纸不是热闹场合里能够出来的东西，你必须先把自己弄孤独了才行，这样才能出来好东西，心浮气躁的人剪不出来。

谭：这样一幅作品至少需要两三天的功夫，而且你还不能老是被其他事情打断，需要至少一小块的安静时间，而现在的工作性质也不允许我们老是剪，创作也就很少了。

马：在这种情况下能够坚持下来就很不容易，不然我就说刘师傅很有毅力，不止是剪纸上，她在生活工作的其他方面也是这样的，有始有终。任何一个人能够坚持到最后都能够成功，但是能够做到的人又有几个呢？

刘：我爱人过去跟宁宁讲，我跟你妈结婚就是因为她有这个韧劲儿（笑）。

胡：不然怎么越往上的人越少呢，人家不是说艺术大师都有点痴么？她工作的时候很认真，但是放松起来就像一个孩子，周围的人不知不觉就会被她感染。

马：她很真实很自然很放松，不是每个人都能够做到的。

胡：可以说我工作二十年，最快乐的时光就是和刘师傅在一起的时光，那是永远值得珍藏的记忆。那时候我们的工作很紧张，工会是做宣传的，经常是有宣传任务了，几个大宣传栏要我们在短时间内作出一个新版面，大家就一起干，很开心，从来没有互相推诿的事情，甚至还都抢着干，虽然累，但是很快乐。

谭：而且我们那时候都抢着设计版面，在工作之前先抢板子，这块是我的了，不准抢！不行！我要那一块！

刘：当时我们厂子有一个很大很长的橱窗，由很多版子组成，一般一年换一回或是一季度换一回，如果有什么宣传任务了，也会换。

胡：那时候我们充分的把剪纸应用到橱窗的宣传上，我第一次接触剪刀也就是在那时候开始的。

谭：我们要先把版子裱出来，在上面画画写毛笔字，有时候把一些字描下来剪出来，每个人都有自

▷ 那种快乐的时光再也没有了

己的点事。我当时问毛老[...]知你明白吗，但是那也不行，这块版子是我的，我也要写，就是这样的。

刘：我就说，她们都是创造型人才，给她们一片空间她们创作的可好了，我的工作在她们的帮助下总是能够出乎意料的好。

马：我们那时候真的挺快乐的，经常和领导同事开玩笑，大家慢慢地就都挺放松的，整个工作氛围很好。原来的那个领导挺年轻挺腼腆，最后被我们感染的也特别活跃。我们的办公室经常是笑声不断，刚开始领导还制止，后来他们知道我们了，有时候还跑过来跟我们聊。

刘：我就说心放的正正，什么都不用怕。

谭：那种快乐的时光再也没有了。

姬：谈到厂子里的快乐时光总是有很多话要讲，听刘老师说你们在剪纸上都是自学成才，我们的第三个话题是：你们是如何学的？中间有什么困难？如何克服的？

胡：刘师傅也没有手把手的教过，我们多属于偷艺，就是在边上看，我当时觉得最困难的就是那个小圆点是怎么剪出来的，后来自己动手也剪不出来，就想是不是用香烫出来的呀！（笑）

谭：刚开始我是偷偷地剪，谁也没有告诉，其实自己已经剪出来挺大的几幅作品了。悄悄拿她的样子描下来剪，我们同办公室的同事就鼓励我：挺好的，继续剪！真的挺好的！我说，保守秘密。等我调到她们办公室的时候我说我要剪，还有人提出异议，我心想我就要剪，当时就是那个小圆圈剪不出来，就站在她身边看，其实我们都是这样学的。

胡：还有就是磨剪子很难，因为要磨出那个尖儿来，那个费劲儿呢！磨剪子要比剪纸还费劲儿。

杨：刚开始剪的时候不知道那个毛毛怎么剪的，很多弯儿怎么拐过去，后来就慢慢知道很多弯儿可以从下面掏过去，毛毛也可以反着剪。

胡：可是谁剪出来的毛毛就还是谁的，我剪的那个毛毛人家都说怎么个个都戗着的（笑）

姬：接下来是我们最后一个话题：大家在剪纸方面除了学习刘师傅的剪纸外，还有没有其他方面的学习呢？

胡：看了刘师傅精致的剪纸之后，其他的就都看不上眼儿了，也会在市场上和报纸上看到一些剪纸，虽然纹

≫ 肖师傅能写会画，经常给区里画花样和刺绣的样子。

样很好，但是还是觉得剪功差了些。

马：过年是我们最忙的时候，亲戚朋友都来要，找刘师傅要新样子，她又忙得顾不过来，我们就上街上找，想要另辟蹊径，有的样子虽然剪功不好，但是纹样还不错，不怕，我们拿过来可以深加工一下，用我们的刘氏剪法一加工就又是我们的剪纸了。

谭：即使是用了别人的样子，但是经过我们剪过以后就也成了刘师傅的风格了，我们都是学的她的风格。觉得不好看的地方我们就改，我们改的能力还是有的。

胡：我们几个也是努力的学，可是还是做不到，剪功可以提高，可是没有创意也还是不行的，只是无源之水而已。

**口述人：肖志锐（简称肖）**
**时　间：2008年8月14日**
**地　点：包头市刘静兰剪纸店**

姬：肖师傅您好！经常听刘老师讲到您，是您为刘老师设计的第一幅参展作品一团大棉花，你们合作的很开心！在一起工作了这么多年，请谈一下您对刘静兰的印象吧！

肖：刘师傅是一个很有恒心的人，据我的了解，她小时候在商都那边就有窗花之类的剪纸，她也很爱好这个。后来工作忙了，或者是工作调动了，她也没有时间搞这个，就有一段时间在剪纸上是空白的。来了化工厂以后，她在的是机关，工作流程就不一样了，好像比外面的步子慢一些，她就有时间剪纸了。原来咱们"一化"每年都要组织很多活动，门类很多，比如绘画书法展览、雕刻、工艺美术、演唱、运动会，另外还有一些剪纸类的展览和比赛。以前她也有剪纸的基础，又爱好这个，单位每年有这样的机会，她的这个爱好就被调动起来了。刚开始在单位里一个是应付展览，一个就是谁家结婚了就给剪个喜字，那时候我们工会一年四季不知道剪下多少喜字呢，后来就拿一张大红纸，字的边上配上龙凤，剪出大张的喜字来。周围的年轻人也多，她这样剪，喜欢的就也拿起剪刀学着剪，整个把厂子里头带动了一大批。她没有来的时候，厂子里也剪，我也给剪个窗花啦啥的，那时候也不时兴剪纸，兴趣也都一般。这后来她这一剪起来，把大家的兴趣就都勾起来了。那时候我们的展览通常是在厂子里展了以后再评选优秀的，完了再到化工局评奖，最后再推荐到市里省里，活动搞的很红火。从那以后静兰基本上是剪子不离手，有时候中午饭带过来，吃了就剪。我觉得吧，她是一个心灵手巧的人，勤快的人。

我觉得她剪的很细致，用绘画的语言来讲就是讲究线条。有时候就很羡慕她的天分，我虽说画得不好，但也是画了一辈子画了，但有时画下的线条就没有她剪下来的那么匀称。

过去没有经济价值的时候她剪下来的剪纸送给我，我就敢要。现在她的剪纸经常参加展览，有了经济价值了，我就不敢要了，但是她经常会送给我，只要出了邮票或者邮品了，她都是主动送给我。我这个人就是喜欢这些小玩意，我喜欢的我都把它当宝贝一样放起来，几十年几十年的好好保存。

**姬**：听刘老师说您收藏了很多好东西，您又会画画，又对民间手艺了解很多，讲讲好么？

肖：要说我接触的民间艺术的话，首先就是那个枕头顶上的刺绣，鞋上的鞋花，还有就是灯笼上的剪纸。过去咱们这里的灯笼都是方形的，除了上下两个面外，灯笼周围的四个面都有剪纸，每个面的四角上剪上云头，中间有人物有花鸟的放在灯笼上，用硬刷子沾上颜色拿刀子往放着剪纸的灯笼上刮，点点落在灯笼上，可以用不同的颜色刮，最后喷完之后把剪纸拿下来，那个花花就在纸上了，这样做出来，灯笼上

▷ 黄老虎 12厘米×12厘米 包头市端午节贴的

的花样子就又透亮，颜色还好看，红的、绿的、蓝的、黄的，怎么好看怎么喷。其实那个原理就像现在的复印，又和熏样一样，手段不一样，效果也不一样，花花绿绿地很好看，这些剪纸能用很多次。灯笼上的花样子我家里面有一本，有猫猫狗狗的、公鸡、耗子娶媳妇，两个耗子抬个轿子，耗子拉红孩，耗子偷葡萄。还有花花草草的，拿过来就可以随意搭配。

剪纸在民间用的到的地方很多，我年轻的时候就是给人家铰窗花的，看到谁家窗花好就记下来了，回去画下来就能剪下来。过去的窗户是从中间分开，下面是两大块玻璃，上面32孔的窗户能吊起来。窗花样式有孔雀戏牡丹、龙、凤、公鸡、老鼠拉红孩、羊、十二生肖、喜鹊登梅、鱼钻莲等。无论是灯笼上，还是鞋样上，都是用的这些样式。过去人的衣服上还要绣花样子，大户人家的被面也是要绣出来的，小孩子的小被子上绣的是鱼钻莲、娃娃抱鱼。还有那些大的绣帐，上面一般绣的是八仙图。到了端午节的时候，一般家家户户都要贴黄老虎（黄色纸剪的老虎）、端午鸡，只贴初五初六初七三天就要取下来，然后埋起来，不能够随便放的。过去女人用到剪子的地方多，做衣服鞋袜，缝缝补补，对剪子不陌生，每个女人拿起剪子就可以剪出个鞋样子，鞋样子都是祖上传下来的，照着学就行。

丧事上也是要用到剪纸的，我们这里讲人去世以后鞋底上要绣上莲花，死人的鞋底很比鞋垫稍微厚一点，上面的莲花一般也绣的粗糙，用大针绣出来就是，可一定要是莲花才好，民间讲究"头顶瓜，脚踩莲"，丧事上的九莲灯也是用纸剪出来的，莲花灯有九个，每两个中间要放上一个大花或者绣球，用铁丝串起来，下面缀上穗穗，用长竹竿挑起来，很好看。

过去无论是剪纸还是刺绣都是生活中要用到的，用到了就要自己做，那时候在市场上能够买到的比较少。自己不会做就只能求别人做，所以过去会一样手艺是很累人的，不管你做的好不好，都会有很多人过来求你给做。这就像静兰在家里的时候给人家剪窗花，在厂子里给大伙剪喜花，虽然是义务的剪，可现在想想，这都为她现在的成就打下了基础。

# 本章小结

  农耕文化中的剪纸是仪式的重要组成部分，而仪式则起到"聚气"的作用，笔者认为，仪式是聚集的一群人通过一定的程式表达某种共同的愿望，其间，每个人都参与其中，而仪式中的每个环节都指向最终的目的，因此，剪纸在农耕文明中是基于实用而产生的，是为营造理想的气场而出现的。当抽离了农耕文化背景之后的剪纸与城市文化相交融，将会发生怎样的身份转换？城市文化又是怎样一种不同于农耕文化的文明呢？

  城市文明是社会分工与市场化的产物，因此城市文明的典型特点是：竞争和专业化，这使得处于市场体系中的商品都趋于精致化、个性化。当城市开始从乡村寻找传统时，真正蕴含着丰厚文化内涵的仪式缺席了，农耕文化传统孕育下的剪纸此时进入城市，其存在形态和功用也发生了质的变化。在这里，传统剪纸留下了外形，失去了功用。

注释
[1] 方言，不同地方意思不同，这里指春节。
[2] 方言，丢掉的意思。

第三章

# 再回首

LIU JINGLAN AT THE CUTTING EDGE
An Oral History of the Chinese Papercutting

本章综述

　　再回首，刘静兰会以怎样的语境来描绘传统剪纸？她又将以怎样的视角去重新审视那些约定俗成的生活方式？再回故乡，生产结构和价值观念被瓦解之后的村庄发生了怎样的变化？剪纸的技艺还在，剪纸的人还在，然而剪纸赖以存在的土壤却逐渐消失。

　　经过一段角色转换期，城市文明中的传统归属感使得刘静兰逐渐意识到传统的重要性，这中间她不断向各方面的专家和书籍学习，并将其内化成为自己的一套知识，试着以新的生活来诠释传统。经过不断的探索，刘静兰成为被现代都市所接受的剪纸创作者。

## 第一节 再看"窗花花"

### 一 来自传统的智慧

"用纸捻订纸就不容易活动,剪起来好剪,过去虽然不如现在工具多,可人是有智慧的,纸捻有弹性,形状又像楔子一样,越往下拉就固定得越紧,不像订书针没有弹性就容易松,你看老祖先们多智慧呀!"

**口述人:刘静兰**
**时　间:2008年4月28日**
**地　点:中央美院**

姬:在您到了城市后,再回头看故乡的老窗花会有什么不同的感受呢?

刘:是的,首先是对传统的剪纸工艺有了不同的感受,深切感受到我们祖先的智慧是我们没法想象的,就先说我们古老的复制工艺——熏样吧!

过去的窗花花为什么能一代代不走样儿的传下去,就是因为熏样。现在我们有复印机,可以把花样子复印下来再剪,过去没有复印机,脑子里又没有新样子的时候,就拿来过去留下的老样子或者别人家里好看的花样子,用煤油灯熏出来熏样。

首先我们需要一些做熏样用的简单工具:煤油灯、废报纸或不用的旧书、木板子、老花样、一盆水。过去的煤油灯都没有保留下来,这个是我根据记忆让人家做出来的,过去的煤油灯比较小,没有这么大,下面我又做了个灯树子。煤油灯的灯捻儿一般用棉线。废报纸或者不用的旧书是拿来做熏样的。

具体的熏制过程是这样的:拿一张比要熏的样子大一点的报纸放在木板上用水打湿,再把要熏的老样子放在这张报纸上,再用手往上面弹水,这样的话,报纸、老样子和木板

▶ 剪刀 剪纸用的小剪剪,用我们的话就是要"苗溜溜"的,这样入剪的时候,剪圆弧的时候才好剪,现在这样的没有卖了,只能买来自己再磨了。

就粘在一起了,水要弹均匀了,最后把不平的地方整理一下,因为鼓起来的地方熏的时候就很容易烧糊。我们的祖先很聪明的,用水把纸打湿以后既能起到胶水的作用,把两层纸粘在一起,又不会在熏的时候把剪纸烤糊了。这前期准备做好了,下一步就可以熏了。把剪纸放在火焰上熏,黑黑的烟灰把整个老样子都熏成黑色就好了。把报纸连着老样子一起拿下来,等它干的时候就把老样子揭下来,过去有那个热炕头,放在上面很快就干了,揭下来之后下面报纸上就留下一个白色没有熏到的样子,这就是我们复印出来的样子了!用这个样子钉上几张红纸就可以剪了,剪完之后,把那张熏样留下来当作下一次的熏样了,过去的老样子都是这样一代一代流传下来的,一般都走不了样了。

过去订熏样和红纸用的是纸捻子,纸捻子用的是麻纸,现在我就是用那个纸盒子里的抽纸,也很劲道,制作方法还是过去的老习惯:把纸剪成小的三角形,把一个角搓成硬硬的像针一样的形状,用针在纸上传一个洞,再把纸捻穿进去,使劲往下拽一下,就能把几张纸订紧了。用纸捻订纸就不容易活动,剪起来好剪,过去虽然不如现在工具多,可人是有智慧的,纸捻有弹性,形状又像楔子一样,越往下拉就固定得越紧,不像订书针没有弹性就容易松,你看老祖先们多智慧呀!

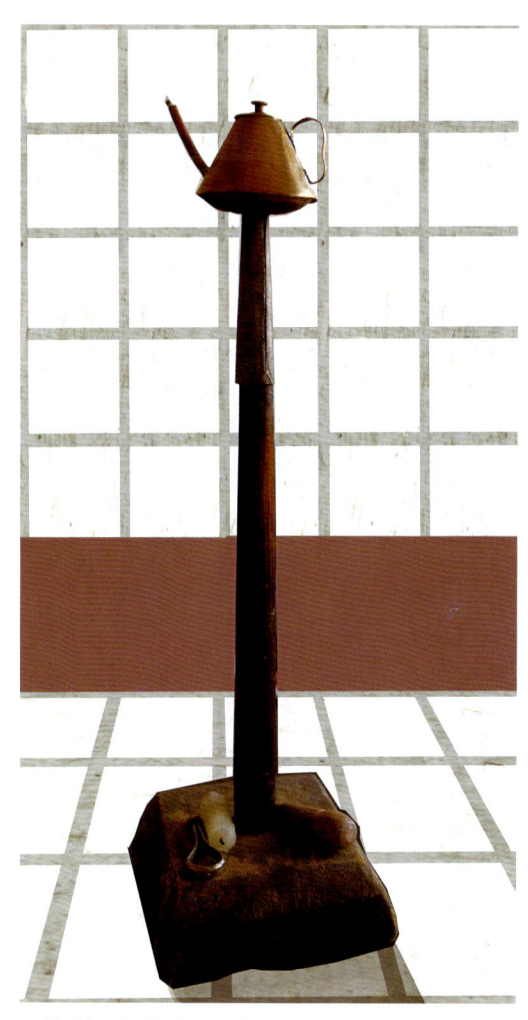

▶ 煤油灯 小时候经常是晚上在煤油灯下剜窗花把前面头发烧了,你看,当时用那劲儿。

▶ 熏样步骤1 把费报纸和板子打湿,又起到粘合的作用又不会让煤油灯烤糊了,祖先真是聪明!

姬:正如建筑里的榫卯结构一样,用木头自身来固定木头,其实是再牢固不过了,用纸来固定纸,真是智慧!小小的剪纸中竟然蕴含如此美妙的真理。

刘:是的,不过剜窗花也是"工欲善其事,必先利其器"的,我们剪纸的工具非常简单,只要一把剪刀就可以了,咱们这里的剪纸为什么这么细腻,其实和工具也是有关系的,陕西的剪纸粗犷,因为她们的工具是大剪刀,那些老大娘们拿着大剪刀剪出来的自然有一种大气的感觉。我们这边就不太一样了,剪的

# 剪出来的大师　第三章 再回首

> 熏样步骤2 将窗花放到报纸上打湿

> 熏样步骤3 熏

> 注意火焰的位置，用火焰的上部熏。

> 熏好了把窗花连着报纸从板子上取下来晾干

> 我最喜欢熏样晾干后，取下来的那一刻，黑色红色重叠着很漂亮。

> 熏好了！

> 纸捻子 用纸固定纸，用木固定木，自然原本就是这样给我们的。

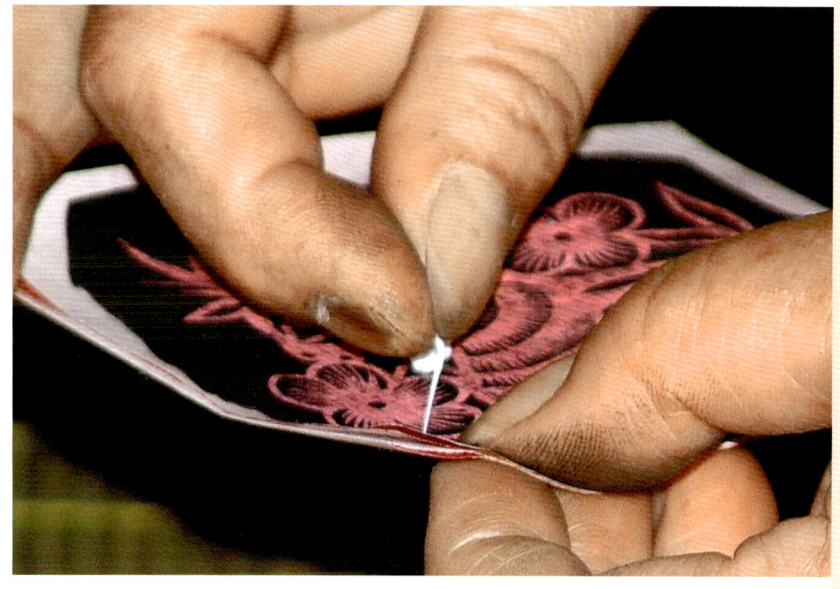

> 订纸捻儿 纸是有弹性的，越往下拉固定的越紧。

# 剪出来的大师 第三章 再回首

> 将多余的纸捻修剪掉

> 纸捻儿订好了

> 将多余的部分修剪掉,这样拿的时候好拿。

> 将多余的纸捻修剪掉

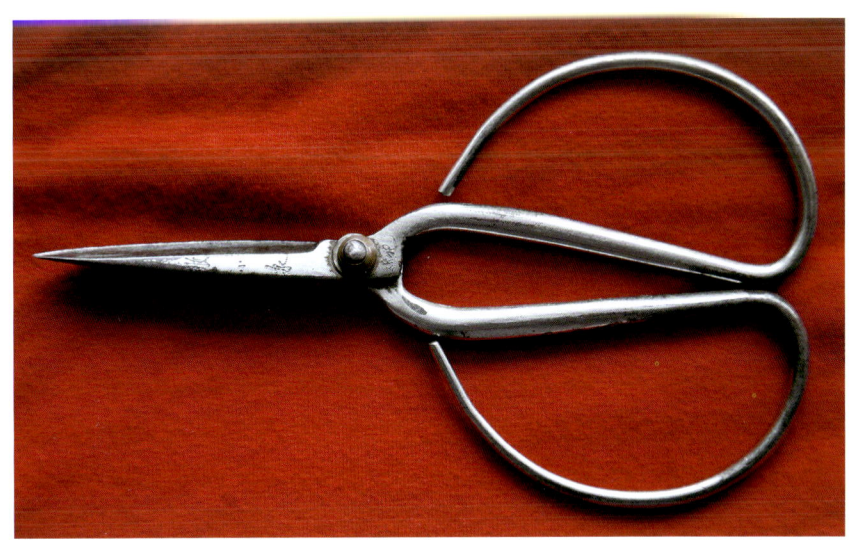

≫ 芙蓉姐的小剪剪

工具是小剪剪，剪的就会精细一些。小剪剪很尖很小，剪刀容易入纸，就可以剪出细小的装饰了。这把是村子里芙蓉姐的，是张小泉近记在上世纪六十年代造的，剪子的头儿也是圆圆尖尖的，这样的剪子磨起来就省力些。现在张小泉剪刀还是很有名，可是不再做这种剪子了，过去的小剪剪都是苗溜溜的，可是现在很少再见到那样的剪刀了，都是比较厚的，又有棱角，这样就不好用，一是剪子尖儿要尖，二是剪子身子要顺顺地细细地下去，这样剪起来才顺，这种经验只有经常剪的人才能体会。以前不知道这些，就以为薄薄的才好，就把剪刀磨的薄薄地，结果剪子没办法咬住，因为剪子还是需要一个力度的，刀刃需要一定厚度。

我们现在说磨剪子并不只是要开刃，主要的是把剪子背磨的圆滑，剪子尖儿磨尖了，磨的是剪子背面，不是刃儿。磨一会儿就要在纸上试试行不行，两边要一样长一样锋利。要磨好一把剪子至少要三个小时，其实没什么技巧，就是在磨性子（笑）。我跟张小泉联系了，把过去的小剪剪照片寄过去，让他们生产一类那样的剪子，我们就不用这样磨了，现在学剪纸的这么多，工具其实很重要。

**姬：我们谈了前期准备工作，都是为了最后的杰作准备。**

刘：是的，真正的享受在最后一个步骤里——剪，需要非常安静的心，急急躁躁的就剪不好，就像睡去了一样。

我们那里传统剪纸的语言就几种，比如：细毛毛、滴水纹、旋儿、小圆圈，剪得时候只要顺手就行，没有固定的技法，记住是纸转剪子不转，这样所有的装饰就都可以用这几个形状概括了，一般都是从中间下剪子。一手拿剪子，另一个手捏着剪纸，入剪子的时候，中指在纸背面感觉着剪子尖儿穿透纸了，再剪下去。先剪眼睛，再剪细毛毛，剪这个细毛毛的时候要静下心来，这样毛毛才能活起来能翘起来，我剪那个细毛毛的时候，就像睡了一觉一样，心里静静的，什么也不想，呼吸匀匀地，剪完了就像睡醒了。边剪边放着收音机，或者是放着古筝音乐，可舒服了。心里乱的时候不能剪，不然就粗一根细一根的剪不好。最后再掏出外面的轮廓，剪的时候吃住劲儿。如果先掏外面的空间，空空地就不好拿了，那么里面也就不好剪了，而且这样的线条也很容易碰断。把大的地方留下，拿的时候好拿，再下剪子的时候也好下，这些都

# 剪出来的大师　第三章 再回首

≫ 剪1 剪纸无规律，如果说技法剪功，那是刚学的时候不断练习得到的。

≫ 剪2

≫ 剪3

≫ 剪4

≫ 剪5

≫ 剪6

≫ 剪 7

≫ 剪 8

≫ 剪 9

≫ 剪 10

≫ 剪 11

剪出来的大师 第三章 再回首

≫ 完成了

是经验积累出来的，只有真正拿起剪子剪东西的时候才能体会那种感觉。

咱们刚开始剪的时候会遇到一些困难，一是剪折叠式的剪纸的时候连接的不好看，叠起来不能想起来展开时的样子。这个连接其实挺重要的，连接得好了折叠式的剪纸中间的那条折叠的缝就看不出来了，连接不好就很明显，不好看。你看这幅，从中间剪一个桃子两个猴子就连接起来了。如果连接不好了就看着一个部分一个部分的，不整体，不好看。关系处理不好的时候，想的就和剪出来的不一个样子。

≫ 图3.28 现在乡间卖的窗花
17.5厘米×14厘米 2009年收集

▷ 喜花 22厘米×16厘米 折叠式的剪纸需要注意中间那条线的处理，这样才看着自然。

剪纸没有什么规律，根据作品的不同而定，有的地方需要组装，有的地方需要画一下，有的折叠起来直接剪，有的时候剪着剪着就不知道怎么剪了，不知道的时候就跳过来，先剪其他地方，转着剪到那个位置时或许就有了样子了，所以并不是像书上写的那样，从里到外、从左到右的。我还是比较偏爱直接剪出来的，有时直接剪出来的不太象，但还是活的。可画出来的无论多认真却还是死的。

## 二 我看"窗花花"

"你看，在我们的很多讲究里就都有这样的意思来，以前没有想过，后来看了一些理论书籍，就会把花样子和民俗联系起来想。就拿过大年的时候的一些节日来说吧！"

**口述人**：刘静兰
**时　间**：2008年4月28日
**地　点**：中央美院

姬：这是来自于剪纸技艺本身的魅力，可是这年复一年世世代代贴的窗花花里有什么故事呢？在那只允许有美好想法和只准说吉利话的春节里，相信窗花花也是一种表达方式吧？

刘：你要是早些年问我，我肯定是不知道的，没有什么意思，就是红红的贴个喜气，都是固定的样子，过去在村子里没有人会去问为什么要那样剪。但是到了包头，参加了一些展览，又看了很多的理论书籍，再回去看那些窗花花就会对应着书里的内容去想，就觉得窗花花不但好看，中间还有那么多的意思呢！

你看我们这里窗花中有很多辣椒的造型，也不知道有什么意思，不过在我们这里的民俗里也有关于辣椒的，这个事情是听同村的芙蓉姐说的，说老人去世以

▷ 青椒 12.5厘米×14.5厘米 商都地区

▶ 辣椒 5厘米×6厘米 商都地区

后葬礼上要剪岁头纸，一条一条的，一条代表一岁，老人活多大年龄就剪几条，灵柩在家的时候，那个岁头纸就在门口立着，等到起灵的时候，岁头纸要烧掉，这时候人们就在岁头纸上拽下一些，拿回去用红布包上，缝成辣椒形状的，串串地，带到小孩子的袖子上。可能这个岁头纸是长寿的意思吧？因为在长寿老人的葬礼上还有一个民俗可以证明我的这个结论。是这样的，灵棚里烧纸的瓦盆在出殡的那天也要打碎，村子里的人就会捡起一块拿回去磨成心形，穿上一个眼儿用绳子穿上拴在孩子胳膊上，这样孩子就好拉扯。所以我就想，这些代表长寿的岁头纸和瓦片带到孩子身上，是不是希望孩子也能长寿呢？那么为什么要缝成辣椒的样子呢？可能是代表孩子以后的生活能够红红火火长命百岁吧。

花样中还经常出现雀雀衔着麦穗的花样子，这是不是和人们期盼五谷丰登有关呢？你看，在我们的很多讲究里就都有这样的意思来,以前没有想过,后来看了一些理论书籍,就会把花样子和民俗联系起来想。就拿过大年的时候的一些节日来说吧!进入腊月以后,节日就非常多,腊月初八是腊八节,要吃八宝粥,村子里的人在腊月初八的前一天晚上就都要去井里担上一担冰,放在粪上。等到第二天把吃不完的粥放到冰上一点。现在想想是不是和期盼丰收有关系呢?下面是粪,土地肥沃,上面是冰,冰就是水嘛,风调雨顺,冰上放上些粥,那不就是粮食么?正月二十五还有一个节日,叫作是老填仓,就是往粮仓里象征性地填些粮食,盖一下粮仓盖儿,也是希望丰收粮仓永远都是满的。

≫ 扣碗 8厘米×5.9厘米 商都县兴和县段家村

> 扣碗 9厘米×9厘米 商都县兴和县段家村

还有就是窗花花中很多动物都卧在碗里,花也是从碗里长出来的,这个应该怎么解释呢?后来我看了一些理论书籍,有一个专家研究说扣碗好像是开天辟地的意思,那么我想这个碗是不是就是孕育生命的标志呢?扣碗这个造型在其他地方也很常见,从扣碗里跑出来的是花,是莲蓬,我从老样子里看到的是一种生命从扣碗里出来,你看,有一种力量在里面。凹碗上的装饰有花儿,有鱼,有鼓罗圈,鼓罗圈在我们那里象征着富有、运转不停的意思,鱼象征着富裕、连年有余,又可以想象着碗里有水有土,碗上就长出了花,你看,那花多旺盛,生命力多强!有些花好像要撑破碗蹦出来样样的。

≫ 花 6.5厘米×7厘米 西大井出嫁到六号地
徐丽花剪 45岁 收藏时间:2007年

≫ 花 9.5厘米×9.5厘米 商都县高勿素八十五号村 收藏时间 2005 年

≫ 白菜 8厘米×8厘米 商都地区

≫ 高勿素八十五号 三号冯家收藏冯美大
哥花 13.5 厘米 × 12 厘米

# 剪出来的大师  第三章 再回首

碗扮可以变成各种东西,碗上还可以卧动物,卧着一对对鸟,碗就变成了它们的巢;你看在小鸭子的下面,碗的装饰是水波纹,从水纹中又伸出花朵,碗变成了鸭子的池塘;上面卧着猫猫,很舒服的样子,好像卧在自己的窝里。

从碗中长出了花、麦穗、瓜,碗上站着一雀雀、猫猫、鸭子,我感觉碗的角色有种土地的感觉,它孕育了生命,孕育了万物。你再看那一对对鸟那么亲密,过去的人多含蓄呢,他们这是在用窗花花表达爱情,还有那一群小鸟,多幸福呀!碗里的一切动物和植物都很安静很有生命力!

≫ 南梁村

≫ 鸭子  4.8厘米×7.3厘米  南梁村

≫ 猫 9厘米×8.6厘米 你看，猫猫卧在碗上多像卧在自己的窝里呢！

剪出来的大师 第三章 再回首

≫ 鸟 7厘米×9.5厘米 商都地区
唐头营

≫ 鸟儿 7.5厘米×9厘米 商都地区 收藏
时间 1998年以前

≫ 鸭子 7.5厘米×9.5厘米

≫ 南梁村 7.5厘米×7.5厘米

鸟的造型在窗花花里用的很多，也很有意思，前面让你看的多是表达亲情和爱情，这其实就是人们生活中最看重的东西。但是这张却不一样，也是在碗上，但是两只鸟的感觉不像恋人，像两个卫士，这让我想起来芙蓉姐给我说的一个过去的老样子，庙上落着两只鸟，感觉很像，还有一个花样子就是猪身上落着雀雀，在这里也很常见，这些雀雀的造型和其他嬉戏打闹表现温情亲情爱情的都不一样，为什么要把雀雀安排到碗上、庙上、猪身上？那是鸟还是鸡？还是神鸟？这就不知道了。[2]

≫ 3号村 对鸟 9厘米×9.5厘米

还有山羊的题材也很有意思，山羊顶灯，山羊站桌子。为什么要剪这些呢？这和原来在这里的蒙古族有关系么？山羊一般都是领头羊，它带来了光，站在桌子上就像一个领袖，是什么意思呢？[3]

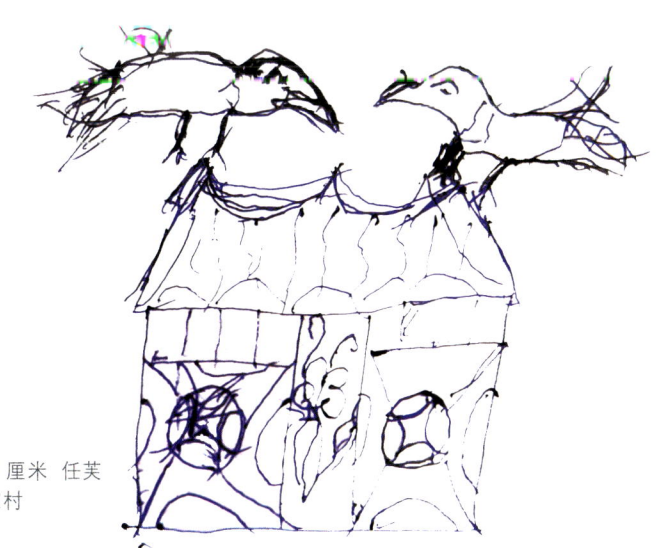

≫ 庙 9厘米×9厘米 任芙蓉剪纸草稿 高家村

≫ 羊顶灯 8厘米×7.5厘米 刘静兰复原窗花 郑油坊村

# 剪出来的大师  第三章 再回首

老窗花中的人物虽然不多,但是却表现了人们当时的生活,这幅作品看来有些年代了,那个骑着骆驼的人穿的衣服很像清朝时候的官服。我们商都县原来叫七台,台就是台站、驿站。当时咱们草原上的交通不方便,可能政府出于政治、军事、生产的需要,元朝的时候就在通往塞外草原区域设立了驿站,也叫作军台或军站,这些站都必须有丰富的水源和粮草。咱们七台就是从张家口通往大库伦(今蒙古国乌兰巴托)驿程中的第七个台站,蒙古语翻译就是赛音呼都克,"好井"的意思。咱们这里为什么叫商都呢?其实是从满语来的,是"水漩"的意思,因为过去这附近有许多小河流过,所以才有这个名字的。过去这边也是有骆驼的。

≫ 人骑骆驼 9厘米×9厘米

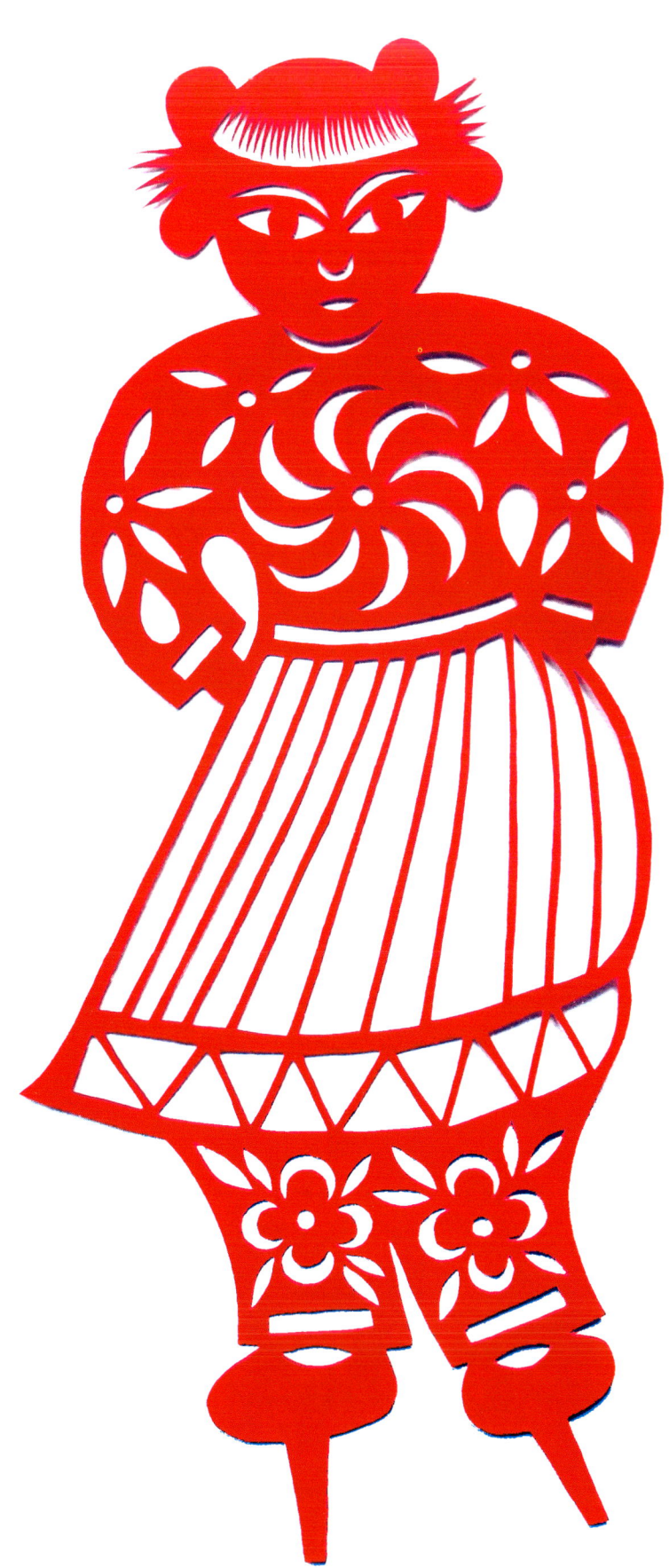

窗花里也有些放映当时人们的娱乐活动的,过大年的时候会有唱二人台的,边唱边跳,还有踩高跷的,两个人拿着彩绸子扭秧歌的,你看多生动呀!

> 踩高跷 9厘米×4.5厘米

# 剪出来的大师　第三章 再回首

≫ 南梁村

≫ 扭秧歌 9厘米×8厘米 商都地区 兴和县段家村

≫ 南梁村

≫ 南梁村

这幅作品是我根据老窗花中老太太烧火煮饺子的样子设计的,母子两个多亲呀!过去人们只有年初一才能吃上饺子,这里头也寄托了人们美好愿望,希望一整年都有好吃的。还有那幅老头推车子的,上面推着瓜,瓜迭富贵嘛,推回来的是富裕吉祥。

≫ 母与子 刘静兰复原老窗花 15厘米×20厘米

**剪出来的大师** 第三章 再回首

▷ 丰收 7.2厘米×7.5厘米 商都地区八十五号大队姚家村

你看这幅老窗花多生动呀！一个女人做在椅子上优哉游哉的样子，还拿着扇子，当时我找到这批老窗花的时候可兴奋了！拿回去就剪，我爱人说，你看你剪的那个女人多像你，那么得意洋洋。咱们这里的窗花里还有人人拿花，人人拿树叶的，拿花倒是好理解，但是那树叶代表什么呢？说到人人拿树叶，我不禁联想到还有鸡衔着树叶，树叶代表什么呢？绿色？春天？和平？咱们现在的人去猜测的确很困难，这样一辈辈传下来，原来的意思都不知道了，只知道往窗户上贴。

≫ 人人坐椅子 10厘米×8.5厘米

> 人人拿树叶 7.8厘米×6厘米 南梁村

> 鸡衔树叶 6.5厘米×10厘米 商都地区唐头营

你看窗花中还有很摩登的呢！一个像国民党大兵一样的人手拿枪，骑着马，肯定是国民党时期的作品了，还有一个骑自行车的窗花也很有意思，咱们窗花中还有拖拉机，有拖拉机就六十年代初有的，当时河北省尚义县六倾地有拖拉机，都觉得稀罕就都去看，那个地方离咱们很近，咱们这里在文化大革命之后才有拖拉机的。自行车在五十年代就有了。你看，我们的窗花不是一成不变的，是在不停地表现新事物的。

▷ 国民党 8.5厘米×6.5厘米 商都县高勿素八十五号村

> 骑自行车 7.5 厘米 × 8 厘米
商都县高勿素八十五号村

> 拖拉机 7 厘米 × 8 厘米 八十五号姚家村

窗花中还有表现生活场景的，你看这两张，一个是女人和面的场景，一个是挑水的场景，手里还拿着铁锹，很生动。

≫ 薛秀花 9厘米×6厘米 韩家村

≫ 人人挑担子 5.8厘米×5.5厘米 南梁村

我们这里的窗花花还有教育意义呢！你看这幅叫作王祥卧冰，我们这里叫"王小儿卧鱼"，王祥冬天为了给母亲捉鱼吃，竟然愿意卧冰求鲤，这种孝心很感人。

窗花花中还有很多抓髻髻娃娃，就是头上抓揪揪，有的怀里抱着鸡，有的手里拿着雀雀，还有的骑着

≫ 王祥卧鱼 7厘米×8.5厘米 商都县唐头营 收藏时间：1992年冬天

▷ 娃娃抱鸡 7.5厘米×5.5厘米 商都县唐头营

鸡,抱着鱼,在这里雀雀和鸡有什么意思呢?如果抱着鸡在现实生活中可以看到,那么骑着鸡的就很难看到了,那么有什么意思呢?[4]还有一个很有意思的是娃娃坐花的造型,很大胆,把整个孩子的身子都藏在花里,又像一个大花篮,看了书知道有娃娃坐莲这个词,也不知道我们这里的是不是,但是在另一幅乌兰察布其他地区的窗花里我找到了比较清楚的一个,娃娃站在花里面,两个很像,如果有联系的话,那么上一幅是不是娃娃坐莲就两说了。这幅咱们今年看到的就比较清楚,是娃娃坐莲,但是造型和过去的不一样,整个感觉也不像,现在这边也卖其他地区的剪纸,大家看电视看书看得多了,就没法确定是不是老窗花了。娃娃题材里还有很多表现孩子游戏的,也很生动。

▷ 娃娃骑鸡 9厘米×8.5厘米 南梁村

# 剪出来的大师  第三章 再回首

≫ 人人拿鸟 10厘米×6.5厘米 南梁村

≫ 娃娃坐花 8厘米×6.5厘米 商都县唐头营 收藏时间：1992年冬天

≫ 娃娃 10厘米×10厘米 乌兰察布地区（武川、化德、兴和）收藏时间：2006年

≫ 薛秀花 14.5厘米×12.5厘米 收藏时间：2009年5月

≫ 娃娃 7厘米×5厘米 徐丽花剪 45岁
西大井出嫁到六号地 收藏时间：2007年

≫ 娃娃 8厘米×8.5厘米 徐丽花剪 45岁 西
大井出嫁到六号地 收藏时间：2007年

# 剪出来的大师  第三章 再回首

姬：这么一看我们的窗花花还真是丰富，那么咱们老家的窗花花随着时代的转变都有哪些不一样的呢？窗户变了，窗花花的贴法也变了吧？过去的窗花花都是怎么贴法呢？

刘：大约在1964年前，老家的窗户都是那种老式的木格子窗户，有36孔的、64孔的窗户，贴的时候就像对桌面一样，中间对出一个斗方形，边上对称地贴上几个小窗户啊，或者是在斗方里面再对上一个圆

▷ 36孔老窗户贴法  郭婶婶说这叫对桌面儿，挺形象的，就是对成斗方形里面红外面绿，也不知道为什么这样贴，世世代代都是这样贴的。

形的，我们那里叫做"yuān guāner"，周围也是贴上几个对称的小窗花。贴的时候在窗户外面糊上麻纸，再在麻纸上贴窗花，窗花花有红色也有绿色，搭配着贴很好看。那种木格子窗户还有49孔的，如果对成那种斗方形的话，就必须在上面贴上一个"皮裤裆"，也是一个小窗花，这个名字很形象，所以我记得很清楚，皮裤裆里是两边两条鱼或者是两只鸟，中间是一朵花，反正能够对成那种外形就行。

这两个窗户就是36孔窗户，贴法也就是这两种，但是和传统不太一样的是麻纸应该贴外面盖上窗格

▷ 36孔老窗户贴法2 中间的我们叫"yuān guāner"不知道什么意思，这样贴着好看。

子，然后窗花也贴在外面的麻纸上，从室外看是红红绿绿的窗花，很好看，在屋里透过光也可以看到细档档的窗花花来。这个老窗户是我后来复原的，挂在原来北京高碑店工作室的墙上，后面打着灯，作为墙壁上的一种装饰，为了体现老窗户的木头格子，所以才这样贴的。

大概在1964年到1974年之间开始有了玻璃，家乡的窗户就变了，上面还是木头格子的窗户，下面则

≫ 49孔窗户复原图 我们称角上的四个绿的是"皮裤裆"没有传下来老样子，不过听人们说里面可以剪上一对对鸟或是一对对鱼中间放上朵花，往后有空了就把这些失传的窗花复原出来。

安上了玻璃。上面还是要糊麻纸的，过年的时候贴的窗花花就少了，但是讲究一点的家庭也还是寻思有要贴出个样子来，家里比较富裕的则请来木匠把上面的木头格子变出了花样来，有八角符形的，有盘长形的，有胡麻眼形的。到了八十年代人们的窗户都变成玻璃了，贴的就少了。一块玻璃上只贴上一疙瘩就行了。

≫ 大约1964年到1974年间的窗户（复原图2）
后来的窗户比以前大了，明亮了，两边还添上了"耳窗户"

**剪出来的大师** 第三章 再回首

▷ 大约1964年到1974年间的窗户（复原图）　六七十年代逐渐出现了玻璃，人们贴的就少了，讲究的人家还是会想法儿拼出个图案来。

> 草原美吧，你看，天多蓝！走，我们看看村子里的巧人去！回家看看分页插图。

> 九十年代的农家小院儿

## 第二节 仪式不再有

### 一 仪式不见了

"这些节日多数都是给小孩子过的,这会儿我们村的小孩子少了,大人都出去打工了,小孩子也到城里上学了,剩下的只有四个小孩子,带的人就更少了,也没有那个气氛了。"

—— 任旺

**口述人:任旺**
**时　间:2009年5月2日**
**地　点:内蒙古商都县高勿素乡高家村**
**口述人简介:任旺,1950年生,祖籍内蒙古兴和县,赤脚医生,初中文化。**

姬:过去咱们这里过大年都是怎么过的?讲究多么?现在大家怎么过年呢?和过去一样么?

任:过去人们过大年那个讲究多了,现在人们有钱了,那些讲究都没了。现在想想过去除了穷一些,过大年还是挺有意思的。

我记得过去过大年,大年三十四五点钟就要去接财神,每家每户在门口拢上旺火,把柴火拢的高高的,点起来,大家争着看谁的火旺,这家和那家比,这个村子看到那个村子火拢得高了,就吆喝着把火拢的更高些,那场面,真是热闹!这边年轻人放着鞭炮,你放一个我放一个,很有过年气氛。听人们说接过财神之后每个人的魂就都走了,怕你睡觉了魂跑了,人们就要熬到天明。到了大年初一大早上吃完饺子,穿上新衣就出门迎喜神了,初一到初三之间是迎喜神,根据年节不同,迎喜神的时间和方位不同。迎喜神的方向村里过去有人会看,东南、东北、西南、西北、正南、正北、正西、正东,每年的方位都不一样,大家夹上一小捆柴、老人们拿上五个馒头、纸钱和香,朝着喜神的方向烧香磕头,年轻人不管那么多,就是玩,边走边放炮,嘻嘻哈哈笑着向喜神的方向走。听老人们说过去的时候,人们还拿上窝窝头给牛羊倌儿,现在不拿了,牛羊倌儿也不稀罕那点东西了。其实在过去迎喜神就是问好的,大家都走出来互相问好。迎完喜神一年出门就顺了,一般讲究破五之前不能出远门,初六以后就是好日子,就可以出门了。

大年三十小年二十九就开始供神仙了:天地爷、灶王爷、财神爷、大贤爷,有画的像也有用黄纸写的字。还有一种用纸剜出来的财神帘帘,贴在财神前面,就像个门帘一样,意思是不让财神露出,怕财跑了。过大年的时候的讲究可多了,不让在地上洒水,不让开柜,怕是把财跑了。咱们过年还有祖先牌位,我们这里叫"shū",大年三十上午带上香和纸到坟接上祖先,就回来了,供在门后,到初五傍晚就送走了,送到十字路口。灶王爷的牌位都是买的,画画样人人,腊月二十三就要敬灶王爷,那天要用麻糖把灶王爷的嘴糊住,只有过大年的时候才供,破五就撤下来了。

现在过年可是没有这么多讲究了,现在迎喜神也没人会看方向了,大家就看那个月份牌牌,有的说这个方向,有的说那个方向,一出门都走的不一个方向,大家出门也不问好了,炮放完就回来了。过大年人们就玩牌,过了初五就都出去打工了,村子里的人越来越少了,年轻人出去打工,孩子们也都到县城上学了。过年也没有人剜窗花花了,现在有卖窗花的,便宜,买上几疙瘩就好了,没人剜了,过去的窗花花也"mān"[5]了。

**姬：那么其他节日还过么？结婚的时候贴窗花么？**

任：咱们过去清明节时候,小孩子都要带清明坨坨,要好几种颜色,用彩色的布剪成圆形用线穿在一起,每个坨坨中间用空心的杆子隔开,天一个(蓝色)地一个(白色)爹一个妈一个(颜色随意),做好后别在孩子的帽子上,清明之前带上,等到清明那一天就拿下来"mān"到水道里了。六七岁到十来岁的孩子都带,再大一点就不带了。五月端午还要带花线绳来辟邪,背上背着用布缝的立体的蛤蟆,可能也是辟邪的。这些节日多数都是给小孩子过的,这会儿我们村的小孩子少了,大人都出去打工了,小孩子也到城里上学了,剩下的只有四个小孩子,带的人就更少了,也没有那个气氛了。

过去那讲究多的,你看,我们家就只有我一个男孩子,大人害怕拉扯不大就有一些讲究,记得小时候我脖子上一直带着自己的脐带,上面缠着红布,一年缠一层红布,就这样带到十二岁,烧掉埋"mān"了(扔了),脑袋后面还抓着辫揪揪,也是到十二岁就剪掉了。小孩子过了十二岁就长大成人了。

我的婚礼正好赶到文化大革命期间,那时候的婚礼简单的很,不贴喜字,新娘也不穿红衣裳,不带红盖头,只需要把东西往车上一扔,拉过来就好了。等到文化大革命之后才重新又开始了旧传统,红衣裳红盖头带上来,又有订鼓匠,订日子又重新开始旧习俗了。婚礼上只贴喜字,不贴窗花花了。

**姬：听刘老师说您也会剜窗花花,什么时候学的,给我们剜一个好么？**

任：我从十七八岁就开始剪纸了,是跟着姐姐学的。墙的正面贴的剪纸,是用金金纸衬出来的,样子有狮子、猫、鸡、喜鹊什么的,文化大革命是就剪毛主席语录,一个一个字贴到窗格子里,四字的。向日葵和毛主席像就流行了两年,1966年和1967年两年。

你说的炕围花其实就是快过完年的时候给风吹下的对联剪成的,并不是必须要贴的。其实我们这里叫的炕围花是画出来的,这种画的炕围花是文化大革命之后才有,村里的巧人给画,上面有风景、图案,还画二人台题材,过去只有好过的人家才有,其实也就是实用功能考虑的,你看,坐在炕上为了靠上墙的时候不把白灰靠在身上，才想着画点东西啦，或者是贴上些画纸啦，不讲究的就贴上些旧画，这样画画地既好看又实用。

> 想想过去过大年挺有那个年味儿的，现在的人呀~~不讲究那么多了。

**口述人：温可珍**
**时　间：2009年5月1日**
**地　点：内蒙古商都县高勿素乡水泉梁**

姬：大爷，咱们过去娶媳妇办事儿有什么讲究呀？跟现在人们结婚一样么？

温：过去男娃子找媳妇要啥样的？要漂亮，要爽利，要能受的，庄户人家生活苦，不能受哪能行，家里地里都是把好手才行。

你要说起咱们这里的结婚风俗讲究就多了，结婚也讲究个门当户对的，你没听说这里的一个顺口溜这么说么，富亲戚上门的时候是这样的，"亲戚骑着马，白面还用圈锣打"，就是说富亲戚上门的时候白面还要用细锣筛上一遍，盛情款待。可是穷亲戚来的时候就是另一个场面了，"亲戚上门拿着棍，放下棍来就担担，压断扁担还受点冲。"又要给人家干活，干不好了还得看人家脸色，所以门当户对的亲家才好。

女孩子嫁人也希望嫁个好人家，过去小孩子的歌谣里是这么唱的，"女格儿女格儿往大长，长大嫁警长，丝绒袍子套大敞，高跟皮鞋嘎登响，洋面口袋往进扛。"过去女方要向男方要银饰一套。订婚时候给人一个大布（二尺宽），几盒点心，拿几盒礼品。女方给男方送两只羊，叫作"碰门羊"。过去的人没有钱，定亲的时候要粮，十担二十担要粮，或是给牛羊，后来给钱的时候也要讲究图个八字，可能是谐音发吧，八十、一百八十都行。订婚之前要写着新娘名字的纸放在新郎家里一个月，如果这一个月顺顺利利的没有出什么不好的事情，还要看八字，看八字是不是和，这样才订婚。

等到姑娘嫁的日子定下来后，就要请亲戚吃梳头饭了，也没有什么仪式，就是吃饭。娘家也是要给姑娘陪嫁的，比如花鞋子、衣服什么的，这些嫁妆都是女孩子在结婚前赶制的，赶嫁妆就是这么说的，有钱的也是三套五套的给做的，没钱的啥也没啥，日本鬼子来了之后，就更没有什么了。平静的年代，接新娘的时候赶着马车，上面棚着草席，还贴着对联，不贴剪纸。接亲要三个人：放炮的（新郎姐夫）、赶车的、抱红压轿的（新郎侄子），新郎不去。路过一个村就放炮，遇到庙就用红布把庙包住，说是为了防止壁虎之类的。新娘子进门的时候门口拢上一盆火，上面放上一个马鞍子，叫作过鞍子，进院地上要铺上红毡子，新娘子脚板底不让沾土。拜天地，把斗[1]用红纸包上，上面插上香。入洞房的时候新郎要拿着弓箭向每个拐角射一下，东南西北四个方向射，只是比划一下，并不是真正射箭，可能也是辟邪的意思吧。

晚上闹洞房很热闹，新郎新娘在地上给炕上的客人烧上一壶茶水，新娘给大家端茶水，但是条件是上面的客人需要对上新娘的"四六句"，只记得一句了"当年抱娃娃，先叫你妈妈，再叫我大大"这些句子都是现编的，只要押韵就行，对不上的就没有茶水喝了，"我不来我不来，亲戚把我请上来"，好玩的就对上一句新娘就只放上一个茶桌腿腿，或是对上一句把茶水放到炕沿上，再对上一句再放到炕上，第三句对上就给端到手里。直接端上去就没意思了，这样一来一回的对句子，既能看出来新娘是不是聪明，也能看出来闹的客人是不是嘴巧。窗户上只贴喜字，到晚上就把窗户都捅开了。

晚上新房里有长明灯，也就是煤油灯，当婆婆的要用小勺勺给煤油灯加油，口中还要念念有词，一勺勺咋二勺勺咋三勺勺养个毛猴猴孩，总共是七八勺勺，中间的词都忘了，挺有意思的，最后上面还要扣上一个筛子，这个长明灯要一晚上不灭。结婚晚上要吃和气面，两个人用一个碗吃面。拜天地的鞋子只能穿一次，如果多穿的话就会对自己的大伯子不好。第二天拜人，认大小，结婚拜人的时候鼓匠就要吹奏，吹的都是过去的老戏（山西梆子），可好了。拜人的时候还会专门有人给新娘子盘头，还要喊着，"把头盘起来！"给新娘盘头的这个人要父母双全才行。第三天就回娘家，"哭着走，笑着来，屁股后面跟着一个吃姑蛋。"不是像少数民族的哭嫁，就是说那些嫁妆没有给好，人家没有嫁好才哭。

现在？呀～～那可是没什么讲究了，只要两个人好就结婚了，啥讲究也没有了。现在的鼓匠也不吹老戏了，问起他们为什么，他们说现在的鼓匠都成了"架子鼓，电子琴，没有女人也不行"，没办法再吹过去的老戏了，没有人爱听了。

> 过去结婚办事儿，那个讲究多呢！

## 二 会剜窗花的人可多了

"我们那时候的女孩子，像这么大的都会剜窗花，不稀罕。一到过大年的时候就剜窗花，没想到现在窗花能这么有用，咱们村子现在都不剜窗花了，都买，有一打一打来买的，便宜，丑的很。"

——温润玉

**口述人：王根梅（郭婶婶） 刘静兰**
**时　间：2009年4月29日**
**地　点：内蒙古商都县高勿素乡高家村**

郭：我娘家是河北省尚义县的，十三四学的剜窗花，我就是爱这个，一对对猫猫，一对对马马，后面衬着金金纸。十五六岁在娘家的时候也绣花，绣的鞋花、童鞋花、枕头顶顶、围肚肚、烟袋花。那些花花都是货郎来卖的，也不知道是从哪里来的货郎，他们还卖绣线（过去用的是丝线）和平日里用的东西，村里的女人们都买，买这买那，童花什么的，带花花的鞋才好看。那些花花可喜人，枝枝叶叶的，会绣的拿回去绣的巴格眼眼格蛋蛋地，可喜人了！想抬啥抬啥，可有会绣的人了，会绣的就绣得齐增增的，不会绣地巴巴碴碴。过去的男孩子也穿，外面穿着白衫子敞开怀，露出里面的老肚肚，花花地，可好看呢！

我是十九岁嫁到这里的，在当时也挺大了，嫁时穿着丝绒袍子，可机灵了。那时候嫁人就是这样的，还要拜人，老人坐着，两个人给磕头。当时我的舅舅是这里的，就把我介绍到这个村子。你叔叔他是个好人，就是这个村子的水不好，生了孩子后就生病了，骨头直接成这个样子了，呀呀呀，谁会知道呢！大炼钢铁的时候就生病了。当时你叔叔是长工，家里穷的没吃没喝的，改革开放就好了。那几年女人们挣不了钱，这几年女人们三千五千地挣钱了。你家种菜了就过去帮忙可以挣点钱，他家运菜了也可以过去帮忙挣钱，虽然现在钱不值钱了，可是家家户户都是有钱的。

过去的那些歌可多了，过去一开会就两个队叫板，一边说："好！唱的好不好？"另一队说"好！""唱的妙不妙！""妙！""再来一个要不要？""要！"就是这样的，唱的哇哇地，扭得楞的。过去女人都不让去唱戏，九十年代不一样，大姑娘跟着鼓匠唱呢！鼓匠来唱的时候，下面就吆喝要让唱二人台，现编现唱的词，老人们爱听。我在娘家的时候是剧团的，唱的歌儿可多了，来到这里就不唱了，这里的规矩很少，我在娘家过年的时候要用面做枣山，可是来到这里就没有这样的规矩了。

刘静兰：你看郭婶婶年轻的时候在娘家剧团唱歌，这些艺人就是这样的，不但会剪，也会绣会唱，各个方面都是一把好手。我也是这样的，不但会剪纸，在工厂里绣花，我也是绣得最好的，年轻的时候也是会唱会扭。

郭：闰兰这孩子爱剪，我给熏上，订上，第一年剪纸戳的窟窿窿的，到第二年就好多了，第三年就更好的，大家都叫闰兰闰兰的，让她过去给剪，她从小就是个才地[1]。闰兰孩子可怜，从小父母有病，孩子是一个人嘀哒[2]的，闰兰是天照顾的。

我们采访的时候，郭婶婶的爱人过世还不到半年，她难以抑制心中的难过，不时眼泪汪汪地沉默：闰兰呀，女人离不开男人，这是世世代代的规矩。但是郭婶婶并不孤独，我们在的那一天内，她就迎接了六茬来串门的乡亲，东家长西家短的聊上一通，干练的郭婶婶很快又恢复了生气，她特别爱听别人的故事，善于接受新的思想。而村子里的人也自觉地来帮助郭婶婶，有专门给挂窗帘的，有专门给做饭的，忙活的像一家人。郭婶婶说，村子里的人对我可好了！米面肉的送，我不想和儿子到城里住，在这里住惯了，虽然一个人，也不孤单。

郭婶婶的生活习惯就是上午串门，下午坐在家里等候来访的朋友聊天，这就是村庄。

≫ 再剜个盘长吧！闰兰会剜窗花花了，我就不剜了，年轻的时候，爱这个。

≫ 郭婶婶是我们的邻居，小时候每年我们家的窗花都是她剜的。

# 剪出来的大师　第三章 再回首

口述人：任芙蓉（简称任）
时　间：2009年5月3日
地　点：内蒙古商都县高家村
口述人简介：任芙蓉，1945年生，祖籍内蒙古兴和县，会剜窗花，上学上到初中，记忆力很好，谈起过去的窗花花她都能够说的头头是道。

**姬**：过去这个村子会剜窗花的人多么？窗花花的样子都是从哪里来的？

**任**：谁的手巧，我们就照着谁的样子抬。我们村子原来有一个从口里西平山来的一个"老伴伴"[10]叫徐善美，她的手可巧了，她给抬的斗方样子各式各样的，可好了。上一代会剪纸的人也挺多的，村子里有一小半人家有小剪剪，我当时剪纸都是用人家的小剪剪。我的那把小剪剪是1963年从货郎那里买来的，我小时候从十三四岁的时候就慢慢剜窗花了。

我不会画，有从妈妈那里带过来的样子：瓜瓜、人拿着树叶、花盆、辣椒、人人喝酒、兔子吃草、西瓜两瓣、庙上有两个雀。过去咱们高家村的样子我记得的有：人人推车车、猫猫、瓜、人人坐凳子上拿着扇子、白菜、猪身上落的公鸡、公鸡吃白菜、瓜、马跑、娃娃、蛇盘兔、喜鹊鹊啄梅、老鼠吃葡萄、扣碗儿、王小卧鱼、一对对雀、雀衔麦穗、拉手娃娃、辣椒、公鸡白菜、狮子滚绣球、茶壶、人人拿花、猴子吃桃很多、猴子吹喇叭、骆驼、老虎、兔兔吃白菜、兔兔吃草、大兔子和小兔子、大狮子背着小狮子。庄户人也不说那个什么意义，就是看着哪个喜人，就用哪个窗花样子。

到一九六五年以后基本上就没有过去的那些小格格窗户，变成玻璃窗户了，窗花花就贴的少了，也没有过去那么讲究了。

> 村里有可巧的人画下样子来，我们就都用她的样子剜。过去，那个窗花花可多了！

口述人：梅素英 温润玉 王美人
时　间：5月1日
地　点：内蒙古商都县高勿素乡水泉梁村
口述人简介：梅素英，1955年生，善剜窗花绣花花，拿起笔来也能非常娴熟地画出过去的花样子来，她的记忆力和才气不禁令人叹息这个埋没于乡野之间的才女；温润玉，1952年生，善剜窗花，性格热情爽朗；王美人，现在每年过大年的时候她还会剜几个窗花，过去的小剪剪没有了，只能用大剪刀剜了。

温：刘静兰当时修水坝的时候就住在我家里，我们像亲姐妹一样。我们那时候的女孩子，像这么大的都会剜窗花，不稀罕。一到过大年的时候就剜窗花，没想到现在窗花能这么有用，咱们村子现在都不剜窗花了，都买，有一打一打来买的，便宜，丑的很。

梅：可多年不剜了，不知道会不会剜了，过去像我们这么大的都会剪。各种各样的窗花都有，我有时候就是冒铰的，不画随便铰。窗花花贴的时候还要对出各种各样的形状，水尖尖啦，就是三角形的，里面是雀雀对雀雀，中间一个花花。

王：我们这个村子基本上都是山西和河北徽安县属于张家口地区来的。我们的窗花花就是过大年的时候贴，满个窗格子都贴满了。结婚的时候也贴，只不过就贴上一对对就好了，不全贴。那些年还剜窗花花，这几年大家都不剜了，小剪剪没有了，我到过大年的时候还剜上些，自己会剜就不想去买。

▶ 没人剜了，小剪剪也不能用了。

▶ 温润玉（左）梅素英（中）王美人（右）我们这么大大儿的都会剜，现在不剜了，有卖的，可丑了！

# 剪出来的大师  第三章 再回首

大家非常热情地在村子里找了一大圈，既没有找到小剪剪，也没有找到一片大红纸，找到的唯一一把小剪剪也已生锈，无法再用了，最后大家只好用大剪刀和孩子用过的作业本纸剪了一个窗花花，梅素英一边剜一边抱怨剪子太钝纸太软，看她流畅地画出一个雀雀衔麦穗的图案，我想如果有大红纸和小剪剪她该剪出怎么漂亮的图案呢？

▷ 剪子太大了，纸都扎不进，这个纸也太软了，你看，这是雀雀衔麦穗。

口述人：邢贵英
时　间：2009年5月3日
地　点：内蒙古商都县高家村
口述人简介：邢贵英，1931年生，祖籍河北省尚义县王油坊村，从小会剪纸、刺绣，21岁嫁到高家村。

姬：还记得你在做女女的时候剜过的窗花都是啥样的么？

邢：我十几岁就开始剜窗花了，那个时候的做女女的都是要剜的，过大年的时候，谁家有女女了，就会有窗花花，不然就得找人家会剜的帮着剜几个。现在记得当时有的样子有白菜、鸡、鹰抓兔、猫、马拉篷车、抓髻娃娃，娃娃脑袋前面有马桌桌（刘海），两边抓着小辫辫，还有山羊站桌子，各式各样的挺多的。到了1958年大跃进我就不剜了，要照顾孩子没时间剜了。

姬：在过去，像您这么大的女孩子都做些什么呢？在村子里，如果遇到天灾人祸，人们都是怎么处理的？

邢：小时候那个时代是供男子不供女子，女女是给别人养的，就没有读过书。我们那代人就不缠脚了，白天跟着大人到田地里做营生。庄户人讲究女女能受就行，这样才能嫁个好婆家。等到冬天没有地活的时候，女人们就在家里做针线、做鞋、拆洗衣裳、扎花[11]，准备一个冬天的衣服铺盖。我们这里不织布，布都是头的，黑布红布都有，其他颜色的布就没有了，想要带颜色的布就要染。买上白洋布用甘草烧成灰染布，能染成灰色；等到豆豆苗（一种草）开花的时候，采来花花放到水里煮，把布也放进去煮，就能染上颜色，是黄色。村子里爽利的女人还会在鞋上、老肚肚上、黑烟袋袋上扒花，老肚肚男人女人都穿，就像孩子穿的肚兜一样，夏天的时候在里面穿的。我做女子的时候也扒花，那花样子可喜人了！

我们这边天旱，常年不下雨的时候，人们就要祈雨，就是让两个毛女女[12]抬着一桶水，到离庙近的水道掏开，把水倒进去，我也不知道是个啥讲究。

➢ 邢大娘手背受伤，因此很遗憾不能看到当初的巧女子的剪功了。

小孩子病的时候，就拿现在烧纸的钱垛，在孩子身上擦一遍，放在墙头上用石头压上放一天，晚上再拿回来，拿个碗，里面放上水和米，还有其他吃的，给鬼吃的东西，希望他们吃了喝了就走了，别再回来，然后把钱垛烧掉，算是给他们些盘缠吧。过去这样讲迷信的很多，小孩子吓着了，就会拿一块红布到附近的井边叫孩子的名字"宝贝，跟妈妈回家。"他要是睡着了，就把那块红布盖在他的身上，或者是别到他的背上，连续三次就好了。现在的人不信这些了

**口述人：李秀花  熊粉花**
**时　间：2009年5月4日**
**地　点：内蒙古商都县高勿素乡南梁村**
**口述人简介：李秀华，1958年生，从小从其母亲处习得剜窗花，母亲高凤英，1930年生，山西新洲人；熊粉花，根据现在玻璃窗户的大小剜出大尺寸的窗花来。**

李：每年过大年的时候，媳妇姑娘们就聚在一起剜窗花，踏进腊月二十就开始剜了，剜的时候心里也会琢磨这边怎么连那边该怎么剜才好看，所以虽然和附近的村子有些样子相似，可是所有我剜过的窗花我都能记得，每年就是剜这些样子，新增加的样子也不多，就是前几年我给嫂子的那批小窗花。你要说其他村子也有同样的样子，那可能是谁家亲戚传过去或者拿过来的，已经分不太清先从哪个村子剜出来了。端

# 剪出来的大师 第三章 再回首

》 熊粉花 这是后来照着别人的样子剪的，自己也乱剜切，比过去的大，窗户不一样了。

午节的时候要编符，用彩色纸编的，为了辟邪，贴在门头上。端午节绕符，有三角形、铜钱形状的。绿粉白蓝紫几种颜色，黄白两色是蛐蜒色，防止蛐蜒钻到耳朵里。

》 李秀花绣的鞋垫 过去一到腊月女人们就都来我这儿，炕上坐的都是，一起剜窗花，我剜过的都记得可清楚了，每次剜都会寻思半天，这个怎么剪，那个怎么变好看。

120

▶ 王大女 呀~那些窗花花都埋了，现在，没人剪了。

口述人：王大女 1922年生
时　间：2009年5月2日
地　点：内蒙古商都县高勿素乡韩家村

王：哎呀，你来的有点晚了，前两天我刚刚洗了玻璃，本来玻璃上还有几疙瘩窗花花，前几年都把那些小窗花花揉巴揉巴"mán"了，谁还留下那东西，现在没人剪了，留着也没用就埋了。过去抬[13]的可多了，家家都抬。这是我绣的鞋垫，每年都要绣上几对对，给孩子们穿。他们说，可别再给绣了，拿上又不舍得用。这是我孙女剪的，她现在嫁到山西去了，过年回来的时候给剪的，这个葫芦，咱们这里说就是"囫囫囵囵"的，生活图个完整，好。还有大大的团花，可喜人了！咱们这里过去是小格格窗户，不剪那种大团花。

▶ 葫芦 左16厘米×10厘米 右12厘米×9厘米 王三枝 嫁到山西 咱们这里说这个葫芦就是"囫囫囵囵"的，生活图个完整，好。

# 剪出来的大师  第三章 再回首

> 我不会剜窗花，我就爱做这个鞋垫垫。

口述人：张大女
时　间：4月30日
地　点：内蒙古商都县高勿素乡南梁村

我不会剜窗花，可是村子里会剜的不少，我就爱绣这个鞋垫儿，我们村子很多人都会，你要说肚兜了，鞋面了就没有人会绣了。我是嫁到这里才学的绣鞋垫子了。

过去那日子过得可苦了，我妈妈死的早，就我和哥哥，三个女子都死了，就剩下我一个。奶奶是一只眼，我又没有穿的又没有吃的，晚上只能盖个破皮子。太爷爷是关南侉子，货郎，两个儿子：张六斤、张七斤，做买卖的。到父亲这一辈就种地了。

我很能干的，你看我的柴房，早上起来我就去拾粪，当时我来到这个家的时候房子很矮，手一伸就摸到房檐了，就是那么可怜，穿的衣裳那个可怜的。结婚的时候只有单人的铺盖两个人盖。结婚时我十九岁了，1949年，穷的什么也没有。结婚以后还是一到冷的时候，九月份就过去父亲家做冬衣，做一个月。后来孩子多了天天要准备每个孩子的冬衣和鞋子。

后来就忙乱着养活一些牛羊，刚开始是两三个，到后来就二三十个牛羊，卖钱给小子们娶媳妇，等以后我还养活了两个马一个骡，也养活了车，后来慢慢地都卖了。最后我妹妹也给我一个牛，一年下一个牛犊子，二年下一个骡子也能卖钱，还养活了两个猪也能卖钱。

闰兰和我大小子是自由的，闰兰那时候在公社当第四书记，穿着劳动布衣服，辫子往后面一抓，像个男人似的，骑着马，呱呱～，可好了！

> 高勿素乡高大女 1965年生 现在每年还剜一些，还是熏下来样子剜的，用蜡熏。

## 本章小结

　　殖民侵略随之而来的是文化侵略，丧国之耻也使得爱国人士以"他山之玉可以攻石"的态度向西方发达国家学习，中国的话语体系由此改变。

　　巨大的刺激必定造成偏执的行为，当文字改革抹去国人的民族记忆时，当西方生活方式已成为人们的生活常态时，历经十年的文化清洗后，暮然回首，传统在哪里？踉跄地跑回那些"荒蛮落后之地"寻找传统留下的影子，"下里巴人"的生活顿时"升级"为神圣的传统被移植到城市，收集回来的传统碎片在最后整合时，该用怎样的情境来还原她？在西方知识结构下成长的国人如何找到合适的表达方式？此时定义的传统又将把我们推向何方？

　　在这种种疑问解决之前，需要明白两个问题：中国的传统文化究竟是什么？中国人的表达方式是什么？

# 第三章 再回首

## 注 释

[1] 碗从葫芦传说而来，寓意生命之源。其文献依据有：

"汉族以葫芦（瓜）为女娲本身为甚么以始祖为葫芦化身，我想是因为瓜类多子，是子孙繁衍的最妙象征，故取以相比拟。"（《闻一多全集·伏羲考》）

"瓠瓜（葫芦）星（北斗星）明到则后官多子孙；星不明，后官失势"。（《开元占记》）

"绵绵瓜瓞，民之初生"。（《诗·大雅·绵》）

"合卺而酳、孙颖达疏：以一瓠为二瓢谓之卺，婿之与妇各执一片以酳，故云合卺而酳。"（《礼记·昏义》）

此与民间扣碗的寓意有相似之处。

由以上理论推测，碗有孕育生命，期盼多子的寓意，在商都剪纸中碗上可有动物、也可有植物，所有有生命的东西都可从碗中出，在此处碗成为生命之源的象征，不止是人类了。

[2] 研究结论及其理论依据

1、太阳的象征——三足乌，即鸟。（《中国传承曼荼罗——中国神话传说的世界》田弥荣子著）依据：

①文献记载 "大荒之中，有山，名曰孽摇頵羝。山上有扶木，柱二百里，其叶如芥。有谷，曰温源泉。汤谷上有扶木。一日方至，一日方出，皆载于乌。"（《山海经·大荒东经》）

"尧时十日并出，草木焦枯。尧命羿仰射十日，中其九。乌皆死，坠翼"（西汉，淮南王刘安等撰《淮南子》，《艺文类聚》卷一所收）。

②实物图像说明

从周王朝到清王朝皇帝在重大仪式中穿的礼服上绣有"十二章纹"，其中第一个纹样就是，日中有三足乌的造型。

湖南省长沙马王堆一号西汉墓中长沙相利仓夫人的灵柩上，覆盖着一幅彩色的帛画，帛画上的太阳中有一只两条腿的乌鸦。另外河南省东汉墓出土的砖画中的太阳纹里，有着一只三条腿的鸡纹。

2、凤·鸟与鸡的寓意重合——大阳崇拜（《巫术·宗教·原始文化——中外传统民间艺术探源》王海霞）

理论依据：

"舜公夜卧，梦见一凤凰，自名为鸡"。（《寺子传》）

"自尧、舜时代直至六朝，故人心目中的凤就是鸡"（《龙凤文化渊源》）19页 王大有 北京工艺美术出版社，1987年）

3、鸡能驱鬼辟邪

理论依据：

"贴画鸡，或＿镂五采及土鸡于户上。造桃板著户，谓之仙木。绘二神贴户左右，左神荼，右郁垒，俗谓之门神"。（《荆楚岁时记》【梁】宗懔）

另民间端午节时会剪鸡啄五毒的剪纸，由此可见民间认为鸡油驱鬼辟邪除害的力量。

从专家以上的研究我们再看商都剪纸，鸟也可看做鸡，庙上的两只鸟，碗上的两只鸟，昂首啼鸣，除掉鬼害，为人类带来光明。

[3] 引何阿君《中国生肖文化丛书——羊致清和》的观点来分析商都剪纸中山羊顶灯、山羊站桌子。

"羌"是中国西部一个古老的以羊尾图腾的原始部落。然而商都地区居住先居住的主要居民是汉族，但在殷商时期的第一次民族大融合主要就是华夏族与由西向东迁徙的黄河流域的故羌族的融合，因此之后关于汉族的记载中多于羌发生关系："伏羲生于成纪（古羌戎活动的甘肃天水地区）"，炎帝姜姓，大禹处于西羌，商王名号与羌密切相关，后稷之母为姜嫄，由此可见，汉族文化文化受到了羌族羊图腾的影响。

1、羊为五谷之神

《汉唐地里书钞》辑《裴源广州记》云："州厅事梁上画五羊，又作五谷囊，随羊悬之。云昔高固为楚相，五羊衔谷，萃于楚庭，故图其像为瑞。六国时广州属楚。"

2、千年树精为青羊

《太平御览》卷八八六引《玄中记》云："千岁树精为青羊，万岁树精为青牛，多出游人间。"

3、羊为雨工

《太平广记》卷四一九"柳毅"条引《异闻集》记载一传说：柳毅落榜归家，路遇一放牧少妇面带愁容，问其原因，女答曰她乃洞庭龙君小女也，父母陪嫁泾川次子。柳毅问其因何放羊，答曰：此非羊，雨工也。问：何谓雨工。答：与雷霆之类一样的雨神。柳毅低头看这些羊外貌虽与他羊同，但个个昂首怒步，气度非凡。

4、獬豸神羊，能别曲直

汉代王充《论衡是应》载："者，一角之羊也，性知有罪。皋陶治狱，其罪疑者，令羊触之。有罪则触，无罪则不触。斯盖天生一角圣兽。"这里一角羊是公正的象征，能辨曲直。

5、羊神与太阳神的关系

清毕沅《释名疏证》："古羊，阳字通。"

古羌生活的渭河流域现存的习俗保留有羊与阳融为一体的做法：六月六娘家为出嫁的女儿送的"曲连"其造型独特，为面食，形如汉墓出土的玉璧同心圆，上刻羊角纹，周边饰太阳光芒。

由何先生以上的观点可知，羊为神也。再看商都剪纸中的羊顶灯则很好解释了，与太阳神密切相关的羊神定是能够为人类带来光芒的。而山羊站桌子的窗花虽然未曾有遗存，但可想那桌子上的山羊定是气宇轩昂，一副公正威严的样子，俨然能别曲直的神羊。

商都地区祈雨是用羊作为祭祀，这里有个细节就是，用水王羊身上浇水，直到羊抖水为之，说明龙王领了，人们送去的羊收走了。这也许有村民私利的想法，但同时在这里羊扮演了通神，同龙王的角色，是否可作为何先生羊为雨工的民俗佐证呢？

[4] 鸡为孩子带来平安、光明、吉祥。

关于鸡的研究结论：金鸡鸣，天下明。神圣的金鸡。（《中国传承曼荼罗——中国神话传说的世界》田弥荣子著）

依据：

①文献记载"蓬莱之东，岱舆之山，上有扶桑之树。树高万张。树巅常有天鸡，为巢于上。每夜至子时，则天鸡鸣，而日中阳鸟（乌鸦）应之，阳鸟鸣，则天下之鸡皆鸣。"（东晋，郭璞撰（伪托）《玄中记》；民国，鲁迅撰《古今小说钩沉》所收）

"桃都山有大桃树，盘屈三千里，上有金鸡，日照此则鸣。副蜴度山有大桃树，盘屈三千里，上有金鸡，日照则鸣。于是晨鸡悉鸣矣。"（《河图括地图》）。

"巨洋海中，升载海日。盖扶桑山上有玉鸡，玉鸡鸣则金鸡鸣，金鸡鸣则石鸡鸣，石鸡鸣则天下之鸡皆鸣，潮水应之矣。"（《神异经·东荒经》西汉东方朔）。

"东南有桃都山，上有大树，名曰桃都，枝相去三千里。上有天鸡，日初照此木，天鸡即鸣，天下鸡皆随之鸣。"（东晋，郭璞撰（伪托）《玄中记》）

②云南昆明的唐代东寺塔上有四只栩栩如生的鸡（两雌两雄）。据《云南风物志》载："相传东寺塔宝顶的四只'金鸡'，早年在冬春风多的季节，还会喔喔啼叫，声闻远近。"此外，云南大觉寺中的千佛塔上也塑有雌雄两只鸡，云南仿西安小雁塔建造的唐代雁塔顶上也塑有四只金鸡，面向四方。可见在古人心中金鸡是带来光明的。加之明清以后，由于双关语谐音的世俗文字游戏的盛行，这里的"鸡"与"吉"谐音，由此又有了带来吉祥的寓意。

[5] 方言，扔掉。

[6] 度量粮食的量器。

[7] 方言，动词，泛指做，用在不同的地方有不同的具体动作，这里指剪。

[8] 方言，有才华的人，有本事的人。

[9] 方言，没有人照顾，可怜的。

[10] 方言，对老妇人的称呼。

[11] 方言，绣花。

[12] 方言，未成年的小女孩。

[13] 方言，动词，泛指做，用在不同的地方有不同的具体动作，这里指剪。

## 第四章

# 还是那个味道

　　刘静兰口述她理解中的传统,她如何将传统运用于剪纸创作中。在她的叙述之后,我们需要解决的问题是:她对于传统的理解源自哪里?作为一个离开故土,在展览和书籍中充实知识库的一代,这背后的主述人又是谁?是谁规定展览评价系统?是谁拥有定义传统的权力?

　　作为一个时代转折点上的剪纸艺人,刘静兰的经历和剪纸定位过程将从侧面反映我们现有的传统观,当传统仪式退场后,剪纸被从中切离出来,变为一种象征符号存在下来。

## 第一节 传统味

### 一 品出传统味

"她的那些剪纸好像就要扔掉的样子,已经团成了一团,我使劲把它展开,又熏了熏样,猴子吹碗哇(喇叭),还有小花篮,小盘子上面放上两个桃子,挺好看的。"

**口述人:刘静兰**
**时　间:2007年8月15日**
**地　点:北京高碑店刘静兰工作室**

姬:您是通过什么途径收集的?收集的都有哪些地区的剪纸呢?小时候看到的剪纸和现在收集的传统剪纸样子有什么变化么?

刘:我爱人是包头市固阳县检察院检察长,乡里乡亲的有什么难事了就都找他,我们笑称我们家是"乌盟驻包办事处"。乡亲们来了,他们谈他们的事,而我就只关心我的事儿:"咱们那儿什么地方还有老的窗花?谁家还藏有老的熏样子?周边有没有贴窗花的了?"就这样,亲人朋友就都知道刘静兰收老的窗花了,他们就很上心地给我注意,找到了就给我寄。所以我收集的就不止只有我们村子的,像周边的县察右后旗、商都县、兴和县、十八顷公社、武川县都有,这些地区的风格大多一样。但包头的样子和我们那边的就完全不一样,厚厚的不知道用在什么地方,我们的风格和山西大同、阳高县都是一个线儿的。

过年时候我经常回老家,还会去以前曾经

> 猴子吹喇叭 7.5厘米×5厘米 徐丽花 45岁西大井出嫁到六号地 收藏时间2007年 你看,这个猴子吹碗哇的样子还挺像那回事儿呢!

工作过的地方收集老样了。就像05号村我就曾在那里呆了一年，记得那里以前有老的窗花，就让那个村里我原先挺好的一个朋友帮我打听，2003年的时候，她一家家的帮我找，找到了一打很好的老窗花，去年我回去想感谢那家给窗花的老太太，但是老太太已经去世了，儿子也已经六七十的样子，我给他家放了些钱。返回去另一个村，也是过去下乡的村子，他们知道我会剪纸，就给我了一些小窗花，就这样又收集了一些，她的那些剪纸好像就要扔掉的样子，已经团成了一团，我使劲把它展开，又熏了熏样，猴子吹碗哇[1]，还有小花篮，小盘子上面放上两个桃子，挺好看的。现在如果你直接去村子里找，表面上什么也看不到了，没有人剪，也没有人贴了，只有知道的人才能找到。

还有我们包头市文物管理处的老师，他也把过去收藏的包头剪纸送给我了，这些珍贵的老样子对于我的剪纸起了很大的作用。我们那里没有什么商业意识，也没有人去卖剪纸，为什么我会义务给别人剪，就是因为没想过要卖钱，心里宽宽的不把它当回事；也就是没有商业意识，我的那些亲戚朋友才会那么慷慨无私源源不断地给送老样子，从来没有说过要我拿钱买什么的。好多人对我很好，给我送老样子，真是感激呀！他们都很热心，所以他们拿过来的样子无论好坏我都收下，只是不太好的我就不学它。什么是不太好的呢？就是太现代的。我会告诉他们我要的是老的样子，现代的不要。现代的样子比老样子粗很多，造型处理的也不够简练生动。看的老样子多了，一看就能分辨出来哪些是新创作的，一般来说新的都比较大，因为现在用的地方不一样了，过去是小窗户；而其新的构图也比较散，没有传统的紧凑；从造型上也能看出来，现在他们剪的那个鸡啦，一定要像只鸡，可是过去就很大胆，你看它可以这样去处理，是

▶ 窗花6.5厘米×6.2厘米 徐丽花 45岁 西大井出嫁到六号地 收藏时间2007年 就是这么简单，可是你看，多好看呢！

那么个意思就行了，虽然简单，可是感觉却很好，人们一定能看出来这就是在农村大街上找虫子吃的大母鸡呀，并不是非要剪的像才好。

现在收集的和以前家乡的样子没有什么太大的改变，小时侯见到的最多只有一百多个样子。可现在收集的多了，有各个地区的老样子几千个，学到的东西也就多了。包头拿过来的大大的团花不知道是用在什么地方，可能是那里蒙古族人比较多，就和乌兰察布的风格也不一样了吧。看了这么多老的剪纸样子，又创作了那么多的作品，中间有成功的，

≫ 鸡 5.5厘米×8厘米　徐丽花 45岁 西大井出嫁到六号地　收藏时间 2007年 这不是街上找虫子的大母鸡么？

≫ 包头市美岱召地区剪纸　尺寸不详 他们那边样子看起来也挺古老，不知道是干啥用的。

也有失败的。到现在我能够分得清好坏，才知道哪些是好的了。

**姬：您觉得这些老窗花的传统味儿体现在哪些方面？换句话说，这个地区剪纸的特点是什么？**

刘：你要让我总结我们这个地方剪纸特点的话，我觉得第一点就是：传统剪纸中的形象都是臆想的形象，不是纯写实的。民间剪纸中剪出来的形象都是心里想的，不只是眼睛里看到的。平时复制传统剪纸的时候，心里就想：哎呀，这是谁剪的呀，这么智慧！她怎么就知道这样剪才美呢！过去的人剪纸就是大胆，就那么几剪刀，就出来了一个生动的小动物。她们不像现代人费尽心思把剪刀当画笔用，总想把每个细节都表现出来，结果就没了剪纸的味道。你看那对小鸟，就只是两个小圆球，可是看起来很生动，一只在温柔地亲另一只，另一只很享受很顺从的样子，其实没有几剪刀，却能表现的这么好，你说我们的祖先聪明吧？你看那一对对小兔子亲热的，小兔子就那样顶着她妈妈的头，妈妈那么安详的样子，用鼻子来嗅她的孩子。真佩服那些过去的人，剪的那么简练又那么生动。还有我想不太通的事情是，我们这个地方过去

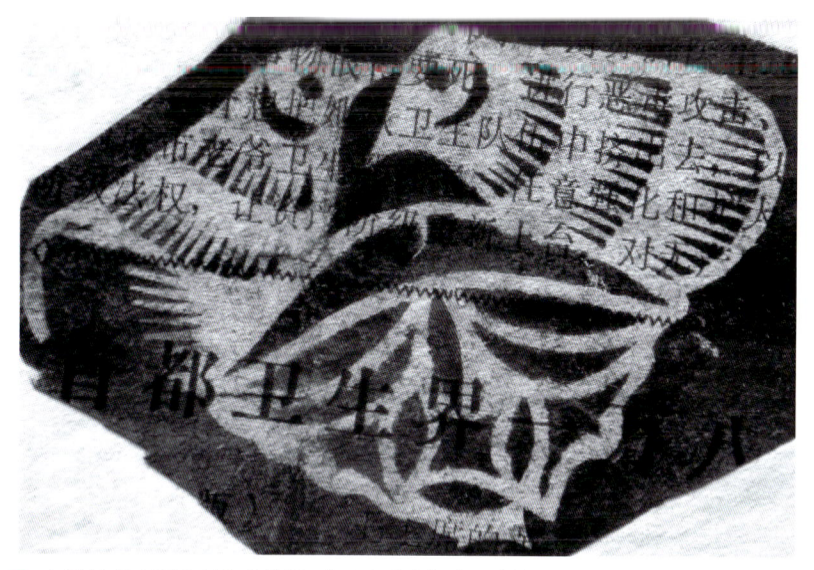

≫ 南梁村 尺寸不详 她们是谁呀！怎么会这么智慧，我真是佩服！

≫ 兔 7.5厘米×6厘米 八十五号姚家村窗花 你看，这母子两个多亲密呢！这么简单有，可是却这么生动！

是个穷乡僻壤的地方,但是剪纸里却经常大量用到扣碗和茶壶,很精致,很漂亮。用现在一些专家的话说就是充满了生命力,一切活灵活现的动物和植物都是从那里面生长出来的。你说,这能不能叫做臆想性的呢?[2]

第二点就是传统剪纸的表现手法也很独特,在传统剪纸里很少有剪出来两个前后关系的东西的,如果是一前一后,也要把它排成一排,我后来的创作也有表现前后关系的,可也是用铅笔先画一下,处理好前后关系后再剪的。

> 茶壶8.5厘米×8厘米 八十五号姚家村 为什么会想起剪茶壶呢?过去穷得连吃的都没有,哪有这个。

≽ 茶壶 7.8 厘米 × 10 厘米 刘静兰复制老窗花 隔一段时间我就会拿出那些窗花花来复制一下，在复制的中间体会她们的智慧。

**剪出来的大师**　第四章 还是那个味道

➢ 虎 38厘米×33厘米 刘静兰复制老窗花
用旋儿来代表动物在动，都是放在动物一动一动的地方。

≫ 鼠 22.5厘米×28.5厘米 2001年国家个性化邮票 老鼠安静下来的时候，就是团团的。

还有就是剪纸不是动画,要表现动的东西就比较难,但是传统有它的办法,在老窗花里想表现一个动物是活动的,其实剪的时候凭的是一种感觉,比如说跑起来的老鼠吧,就感觉它应该是背压得低低的,嗤嗤地往前跑。如果不跑了,它就是圆圆地蹲在那里很安静的样子了。正像我们在生活中可以看到的一样,动物身上都长有这个旋儿,剪纸怎么来表现动物在动呢?就是在动物一走一走能动的地方剪上旋儿,就用它来表示动物在动。

在传统剪纸中也很少有要表现一个主题的,一般都是装饰性的窗花,装饰的好看就行,窗格子又小,也就没有用剪纸去表现大的场景和主题的窗花。现在对剪纸的要求就不一样了,有一次我想剪一幅关于草原题材的剪纸,就觉得应该体验草原生活,为此我们去了内蒙古大草原上采风。到了草原上以后,第一感觉就是天和草原是连在一起的,远远地看着,羊群白白的,住在蒙古包里面,顶子是一道一道的,后来我想了好久,该怎么用剪纸来表现这个草原上的题材呢?用绘画就好表现了,可以画出一个牧羊人和牧羊犬,

≫ 草原吉祥 80厘米×60厘米 2000年创作 把草原的云、羊、马、人都放到这个象征着美好寓意的如意里了。

画上草原就能够表现出草原的景象，但是这个剪纸每个部分都要连接住一块，就不能这样表现了。后来我就想，蒙古包那个顶子像太阳一样，蒙古族又经常用这个如意符号，我就也把它用在上面了，把那些花呀、草呀、羊呀、马呀、人呀剪出来放在如意符号里，让他们都在里面生活。这样的话天地都有了。

　　第三呢，我觉得我们这里最富个性的就是窗花了，我们这里最精致的剪纸也就要数窗花了，贴在窗户上一是要漂亮、还有就是要透光，窗花尺寸小，剪的时候线条就要细致，这样光透过来，屋子里才会亮堂好看。题材都是些花花草草、小动物，人物比较少，但也有些古代传下来的人骑骆驼、人骑马、唱二人台的剪纸，我们这里很少会有老鼠娶亲这样的题材，这就很奇怪了，其他地方都有。窗花除了线条好看外，我觉得黑白处理的也很好，如果上面是实实的，周围和下面一定要配上镂空比较多的花草啦、窗台啦、碗啦的题材。现在的一些专家为了好记，就把剪纸上的装饰纹取了名字，我们这里的剪纸用的比较多的纹饰就要数：锯齿纹、滴水纹、枣核纹、月牙纹了。现在书上讲什么阴刻阳刻都属于刻印上的语言，其实我们剪的时候从来都不会考虑这些的。

▷ 猫 7.5厘米×85厘米 三号村收集 台台上是万字不断头纹样，上面是实的，下面处理成虚的，就很好看。

> 对鸟 7.5厘米×9.5厘米 商都地区
> 你看这幅处理的多好呢！大虚大实的，显得那么精神！

　　剪纸有自己的特点，它不像国画，牡丹用色彩表现出来，叶子拉的那么长，如果用剪纸表现就连不上了，散着很难看[3]。而我发现剪纸什么时候都是团团圆圆的，主体物边上虚虚实实地用其他事物修饰着，整体的外轮廓都是圆的或是椭圆的。我剪得比较多的也就是花鸟的题材了，那些剪起来很顺手。传统里面的人物也就是抓髻娃娃啦、翻跟头娃娃啦、拉手娃娃啦、还有一种趴娃娃，墙上贴的那种大大的。

　　还有，各地的剪纸方法都各有不同，我们那里的主要是从后面衬出来的，那个衬色的剪纸色彩很丰富，除了用红色，还有绿色的，过年的时候，红红绿绿地搭配着贴在白色的窗户上就非常漂亮。还有一些素色的剪纸，比如蓝色、黑色的剪纸，这种颜色的剪纸是家里有丧事的第二年贴的，一般人家是不贴的。我们那里还有一种剪纸色彩很多，就是在墙上当年画贴的那种衬色剪纸，在镂空的部分后面衬上各种颜色的纸，红的、绿的、黄的，什么颜色好看就衬什么样的，颜色可以随意搭配。

≫ 娃娃 衬色剪纸 刘静兰 2003 年创作

## 二 加入传统味

"刚开始拿过来我就把那些样子改造成自己认为喜人的样子,后来看了许多专家的著作论文后就意识到民间剪纸的符号不能破坏,接下来剪的时候就把老样子的外轮廓描下来,原样子保留不动,其它装饰性的部分可以随意改造,但大的味道尽量不去动它。"

**口述人:刘静兰**
**时　间:2007年8月15日**
**地　点:北京高碑店刘静兰工作室**

姬:收到老样子后,您是怎么复制的?在创作中又是怎么继承和运用的?

刘:因为小时候剪花花的时候,用煤油灯熏过以后,有时候就会走样,枝叶连接的地方有的断了,有的卷起来了,这样在剪的时候就要先看,看那个枝叶的走向,剪的时候总是要改的。我现在还有一个习惯就是每次剪以前的作品的时候也还是要改,同样的作品每次剪都不一样,这是一种修改,可是当时又回头收集老窗花的时候,刚开始拿过来我就把那些样子改造成自己认为喜人的样子,后来看了许多专家的著作论文后,就意识到民间剪纸的符号不能破坏,接下来剪的时候就把老样子的外轮廓描下来,原样子保留不动,其它装饰性的部分可以随意改造,但大的味道尽量不去动它。这是我给饭店设计的一幅剪纸,创作的时候就很注意这个传统味道。

≫ 大的造型还是传统的,先剪出来描上去。

≫ 把根据传统造型剪下来的大轮廓描上去，这样大的味道就不会变了。

≫ 一剪子剪下来的人人就很顺，老样子都在脑子里呢！

≫ 你看，大的构图出来了！这是老家磨面的场景，虽然题材是新的，可造型却是传统的。

≫ 里面的装饰可以随意发挥，剪纸语言也还是传统的。不一样的是大的构图。

通过看剪纸研究的文章，我逐渐开始关注窗花花的造型，用书上的话叫作虚实啦，构图啦，感觉老窗花真是简单生动，真不是现代人细抠结构能抠出来的。我只要过段时间就拿出一些老窗花来复制一下。来到厂子里就不断的创作，当然创作的作品中离乡土味较远的也有，现在看来就是不好的。但自从收集窗花后一边复制一边就有意识地把传统的样子用到喜花的创作上去。

民间剪纸没有透视法，怎么想的就怎么剪，怎么好看怎么剪，民间剪纸胆子大，不好看的就不要了，房子没有墙，直接剪里面的人和物。想我收集的老样子感觉大多都是臆想化的，现实生活中虽不常见的东西，可剪纸中却经常出现。你看，那上面的修饰多美呀，我现在看就觉得那些花呀草呀那么饱满，那么有生命力呢！那里面说不定还有更深的含义呢。我如果不调出去，在我们那个地方信息很闭塞，也不会知道这个剪纸会起这么大的作用，会有那么多文化内涵在里边。

现在我在创作的时候也是尽力把传统的东西往里面融，你看这个全家福吧，全家福的题材过去是没有的，都是新创作的，可是里面用的都是传统的十二生肖的形象，在组合的时候我就加上了自己的想象了。你看这幅剪纸：这家三口的属相都是鸡，公鸡、母鸡、小鸡正好也是一家，小鸡围着鸡妈妈亲的，鸡妈妈用那么宠爱的眼神看着自己的宝宝，你看，鸡爸爸在边上那么骄傲的看着自己的一家人，又像随时都准备保护他们的样子。剪的时候都和他们对着话呢！

这一家女的属马的，给她剪上一朵花，代表女性；男的是属羊的，有一个旋儿，代表男性，羊是吉祥的象征，下面剪一个如意，就成了"吉祥如意"。儿子属猴的，边上给他剪了个蜜蜂，和边上的马组合起来就是"马上封侯"。又剪了一个富贵花就是幸福的一家，猴子抱着寿桃健康长寿。全家福是现代的形式，可里面的意思都是过去人的智慧呀！

这两年创作的全家福比较多。这个夫妻两个都是属牛的，就给他们剪了这个喜花，后来他们又生了一个宝宝，宝宝是属狗的，又过来要全家福，我就又加了这只小狗。小狗放在台台上，父母都亲着它，父亲在头上面给装饰的万字符号，身上给装饰的鼓罗圈，既能为这个家带来财富，又代表着这个家生生不息的意思，母亲在下面守护着自己的孩子，头上是朵花，周围剪的四季花，祝愿这个美满的家庭四季平安，我就是这样给他们讲这里面的故事，他们可爱听里面的故事呢！

> 全家福 42厘米×48厘米 你看爸爸多神气呢！宝宝在边上亲的。

剪出来的大师　第四章 还是那个味道

▷ 全家福 44厘米×46厘米 你看出来了么？这里面可多吉祥内涵呢！

> 喜花 42厘米×46厘米 他们结婚的时候找来要我设计喜花,两个人都是属牛的。

> 全家福 42厘米×46厘米 宝宝出生了,多高兴呢!爸爸妈妈高兴地跑过来,要我把这个新成员加上去。

还有就是我设计的邮品比较多，你看这个《鼠咬天开》的作品是为一个邮品创作的。我们这里有老鼠上灯台，老鼠吃葡萄，老鼠爬杆。他们提示我剪鼠咬天开，我想了半天，这该怎么剪呢？后来就剪了一个扣碗，老鼠从里面出来。[4]

《猪狗交替封》这幅作品是在高碑店创作的，创作了几个都感觉不好，心想算了随意剪吧！拿起剪子就这样顺着剪，结果顺顺地就出来了这个造型，感觉很舒服就用了。还是那样觉得画面只是放上猪和狗平了一点，没有起伏，后来想到在家里的猪和狗吃的是一盆食，就想着放上一个女孩子喂它们，想起小时候喂猪时，你还没有到跟前，那群猪就跑着过来，抢着吃，摇头晃脑地溅得哪里都是，狗在一旁看着猪吃成那样，觉得也要上前吃一口。（笑）想着这些，剪子下的东西就变成了活的。人人在我们那里的剪纸里比

≫ 猪狗交替封 33厘米×40厘米 2005年创作 创作时就想起小时候喂猪时，你还没有到跟前，那群猪就跑着过来，抢着吃，摇头晃脑地溅得哪里都是，狗在一旁看着猪吃成那样，觉得也要上前吃一口。

较少，可是这里的小女孩也还是借鉴了传统的样子，像女孩子的辫子啦，身上的装饰，虚实的处理，还有裤子的处理，都是有所借鉴的。创作的时候也考虑到虚实对比，女孩子上身是实的，她手里拿的盆就是处理成虚的，下面的猪和狗是实的，那么就把女孩子的裤子处理成虚的，这样整体看来就不是死片片了。

每幅创作都是要思量很久的，这个《羊马交替封》是马走了羊来了，如果光是剪一个马和一个羊，看起来单调些，我就想可不可以借鉴一下人们说的过桥，马上骑了个男娃娃，羊上骑了个女娃娃，中间的灯笼上写着春字，代表春天来了。喜鹊放在前面，一是寓意好，二是为了平衡整个画面。这个渐变色是设计邮票的后来加工的，邮票其实是我和邮票设计人员合作的作品，他能把那个剪纸放到电脑上一处理，就是一种新的感觉。

▶ 踩高跷 16厘米×7.5厘米　三号村那看那个小姑娘的造型其实来自于老窗花。

≫ 羊马交替封 43厘米×4厘米 2002年创作 加上那个颜色，剪纸突然感觉一下就不一样了，那个电脑真神奇！

《老鼠吃葡萄》传统的老鼠啃葡萄中老鼠的造型很小，突出的是葡萄，也不知道什么意思，只知道是这样剪的，后来专家给它富于的涵义就多了。传统的小窗花要求剪的线条要细，这样贴在窗户上才透光，而我们后来的创作则会出现大实大虚的效果，我另一张老鼠吃葡萄中就把叶子处理成实的，这在窗花上是不适用的，但是我们现在很少会把这些用在窗户上了，而是挂在墙上，那就没事了。而且我现在的设计主

>> 老鼠吃葡萄 25厘米×33厘米 密克罗尼西亚国邮票小型张

出家里孝风,因为是作为牛肖设计的,葡萄就放到次要位置了。这幅例作功夫放的那条小鼠也没有什么寓意,纯粹是为了构图平衡考虑的。[2]

≫ 老鼠啃葡萄 26厘米×58厘米 1998年创作 大大地设计出来,就和传统的不一样了,叶子厚厚的,这样虚实对比就好看了。

**剪出来的大师**　第四章 还是那个味道

　　在剪《猪鼠交替封》这两个动物时，就会考虑到两个动物如何安排才能有变化有意思，这个作品也是这样的，猪走了鼠来了，中间放了个粮仓，农村话叫作"老鼠盗盗不穷，讨吃的要不穷"，老鼠只到有粮食的地方，没有粮食了，穷的不行的，老鼠就不来了。粮仓上放了个富贵花，这样的话右边安排的这个猪在构图上就觉得太靠下了，我就给它下面放了个台台，去年它在台台上，今年该走了。这样看起来就有意思多了，好像在讲一个故事。

▷ 猪鼠交替封 2007年创作 我们那里有个说法叫："老鼠盗盗不穷"，老鼠只到有粮食、富裕的地方。

**姬**：在创作中您会剪一些以前没有的题材么？会从过去的生活中挖掘素材么？

**刘**：有呢！都是很偶然想起来的，没有人要求我剪，想起来了就随意剪了。

　　你看这幅剪纸，那是2006年在高碑店工作室的时候坐着没事干就剪的，当时想起过去人们的结婚照了，就这样的规规矩矩坐着还带着大红花，就是这样不知道什么时候就会冒出来一个镜头，抓住了，就剪下来了。

> 结婚照 15厘米×15厘米 2006年创作 过去人们照结婚照都是这样的,你看,前面还有一个大红花!

# 剪出来的大师  第四章 还是那个味道

▷ 蛤蟆 15厘米×15厘米 我们这里端午节孩子肩膀上要背着一个布缝的蛤蟆，我看到其他地区的刺绣和剪纸也用到了。

> 女娲盒合 灵猴献桃 山西中阳门笺 王计如 图片采自《剪纸之旅》（原图为彩色拼贴剪纸） 这里把蛙叫作女娲，每个地区的意思不一样吧？

这个是端午节的时候，小孩子肩膀上要缝上一个立体的蛤蟆，过去是辟邪的，后来想到了我就剪了这个形象。我们那里说那个青蛙可神奇了，端午节之前青蛙还在水洞里哇哇地吼叫着呢，到了端午节那天就突然全部消失了，有的人前一天把青蛙扣到碗下面，但是端午节那天再打开碗就不见了，真是神奇的很，人们说如果捉到端午节那天的青蛙做药引就能治百病，但是没有人能够在那天抓住青蛙。我就不知道为什么五毒里有青蛙，在我们那里青蛙是治百病的。[6]

> 陕西 鱼蛙衔莲枕 看到其他地区的刺绣上也用这个蛙，不知道咋就用的这么广泛呢。

过去有灾荒有饥荒，也有大雁带来的灾，我们那里管大雁叫"cǐ lāo"，到了秋天收获的季节，"cǐ lāo"一来就倒霉了，一大群飞过来一下子就把那个糜子全部刷走了，一年就白忙活了。民间有那个鼓匠班，人们还会点"cǐ lāo"刷糜子的曲子，鼓匠吹的可像了，咯哇咯哇地叫的声音，一声高一声低的，整群飞过的声音。我在包头的时候想起了老家曾经有这样的事情，就想用剪纸把它记下来，所以才剪的，后来环境变了，就没有这种情况了，也没有成群的"cǐ lāo"了。当时还想把故

> 我想用剪纸记录下来过去老家发生过的事情。

乡的各种植物剪下来，也作为一种记录，可是最后剪那个莜麦的时候好容易剪出来，人们看了说，呀，这个柳树剪的真好！（笑）看来不是什么都能用剪纸来表现的。

　　这是厂子里开会我不想听，就在本子上画，想起来那个二人台里面的"增个儿 一个样儿那 增个那增，花花儿 一个样那儿红"，凭着那个记忆画出来的，老窗花里有唱二人台的那个男的，这后来就想着又给配个女的。

▶ 过大年 10厘米×10厘米 扭秧歌 想起来那个二人台里面的"增个儿 一个样儿那 增个那增，花花儿 一个样那儿红"，凭着那个记忆画出来的。

▶ 二人台 12厘米×21厘米 男的是老样子，女的是我后来创作出来配上的，一看到这个剪纸就会想起过去过大年那个红火！

我剪的是我们家,这是那年宁宁考高中的时候剪的,就希望她能高高在上的,宁宁属狗的,就想起了小时候母亲说好狗不下房顶,站在房顶上的狗是最好的狗,说那个狗数九寒天不怕冻,不下房地看家护院,这是好狗,我也没有见过这样的狗,但听人们这样说的。我就把这个狗放到房子旁边的树上,高高在上的好狗,我和他爸就在屋里喝酒。那会儿想象着就是退了休回老家呢,这边是一个门,燕子在这里飞来飞去的,燕子的窝在屋里,我们这里说燕子愿意去谁家说明这家人好。

≫ 一家人 40厘米×45厘米 1997年创作 宁宁要中考了,心里希望她能好,这上面的家其实是老家。

≫ 守护家门的狗

**姬**：谈谈您创作过程中的体会吧。在您创作的作品中最得意的作品是哪一个，讲讲它好么？

**刘**：要说创作过程的感受，说实在的，其实挺累的，剪出来那一刻是高兴的，可是在创作时有时候心里想好了，但开始剪的时候又不敢下剪子。心想一剪子下去，这个掏空了，其他搭配的不协调那怎么办呢？所以每次剪的时候就都会谨慎，先看那张红纸，看着看着就出来了形象。有时候一幅创作要剪很长时间，剪的时候要抛开其他所有的东西，静静地坐下来剪，只有这个时候才能剪出来。我这个人做什么事情都是这样，一下子让我做两件事情就不行了。靳之林老师就说我太单纯，他说这样也好，只有这样我才能坐下来好好地剪自己的剪纸。

看传统的老样子多了，也复制了很多，在创作的时候就能自由地往里面用。在创作非典时期的这幅作品时，用了一大张半的红纸，因为是大幅，不想剪废了，就要先定一个大轮廓，但也不详细的定，一边想一边转着剪，不会剪纸的时候就看那张纸，看着看着就有了，现在这个脑子好象一个电脑，需要的时候就调出来了。传统剪纸多是小窗花，现在的创作多为大幅的剪纸，如果像剪小窗花那样剪的话就太空了，剪这毛毛的时候就要剪的长长的才可以。在继承传统的同时，为了适应新的剪纸形式就必须在小的装饰细节上变化一下，否则就显得太粗糙了。

你看我创作这个非典题材的作品时就是一个大场景的作品，是写实性的。这是非典以后，2003年民间文艺家协会和摄影协会要搞一个非典题材的展览，我就设计了这个，剪的都是家乡的生活场景。那个院子其实就是我们新村的那个家，堂屋里有的在搓莜面，炕上人在聊天吃饭。那个院子到了夏天的时候有一个大铁盆，放上水，白天晒的热乎乎的可以洗衣服，过去有的院子里还垒着花池子，里面种着花或者菜，花台前面有晒太阳的猫呀兔子的，还有跳方的小孩子，地上放着拿胶泥捏的小车车，外面下棋的是宁宁她爷爷和村子里的老人。宁宁他爷爷告诉我说非典时期，在外面打工的年轻人也回来了，有的领着小媳妇，我就想着作品中让他们在哪里谈恋爱着呢？我们这里的院墙是石头墙，矮矮的，就让这一对小爱人坐在墙上谈恋爱吧（笑）。牛卧在外面，这是我弟弟拿着铁锹铲牛粪呢，你看这头猪对着一槽子食儿吃的溅得哪里都是，院子里的鸡呀狗呀过来了也要吃，有时候就是这样的，鸡有时候还飞到猪身上，猪吃完了鼻子上都是那泔水，鸡飞上去嘣嘣嘣地吃猪鼻子上的食儿，有时候小鸟也过来站在猪身上找吃的，猪吃饱了憨的，不管那么多。

**剪出来的大师** 第四章 还是那个味道

≫ 80厘米×150厘米 农家小院 2003年创作 这里面的场景都是老家人的生活。

161

**剪出来的大师** 第四章 还是那个味道

≫ 猪狗鸡抢食食吃 农家小院局部

≫ 下棋 农家小院局部

≫ 下棋 吃完饭和棋友们来两盘儿！

≫ 猪狗鸡抢食食吃 农家小院局部

≫ 喜猪图 陕西安塞 图片采自宋如新编著《陕西民间剪纸释要》在农村这种现象是很普遍的,所有的家禽在一起抢食吃。

≫ 尊 商代后期青铜器 湖北省博物馆藏 湖南省湘潭船形山出土 连古代的青铜器上也有这样的组合!

≫ 游戏 农家小院局部

# 剪出来的大师　第四章 还是那个味道

≫ 街头孩子的游戏　抓子、踢方是我们小时候的游戏，现在村里的小孩子也是这样。

≫ 农家小院局部　自由自在的羊群和小鸟

忙活着给我们炸糕的婆婆，她身体可好了，快八十岁的人，走起路来都是一溜小跑的。

> 在这里羊和人一样自由自在。

> 灶 台

> 忙活着给我们炸糕的婆婆，她身体可好了，快八十岁的人，走起路来都是一溜小跑的。

**剪出来的大师** 第四章 还是那个味道

▷ 农家小院局部 搓莜面

≫ 农家小院局部 拾牛粪

➢ 我们这里烧火用的都是牛羊粪。

➢ 我们都习以为常了，没发现这里也有花花，还有文革时期的口号。

➢ 灶台上的花

　　我最得意的作品要数这幅《十二生肖》了，很多传统剪纸元素都用在上面了，功夫深。寿字，鼓罗圈，万字不断头，运用的比较好，每一个动物都搭配有花，总体看来又是一个民间的图案"盘长"，又像民间的"八定"纹。水尖尖里就想着用一套花的组合，再加上一套水果的组合。像这个西瓜传统中有，但是橘子、柿子就是自己创作的，本来窗尖尖里要用我们那里的莜麦花呢，当时我还在二哥家的柴火垛上捡了几个莜麦翎子回来照着剪，结果怎么表现也表现不出来，总是抓不住主要特征，等剪出来以后人们说是柳树（笑）。《十二生肖》不像草原吉祥那么热闹，但比草原吉祥要细腻讲究。除了十二生肖之外，中间加的那些纹样倒是把我难为了一把，把脑子里有的纹样全部用上了，可还是不够，所以中间有一些就不是传统的纹样，而是自己创作的。五月三号那天中午终于剪完了，高兴地唱着，一路跳着回来。

> 十二生肖 60厘米×60厘米 这个创作是我最得意的作品，创作的时候可费脑筋了，把所有能用的传统符号都用上了。

剪出来的大师　第四章 还是那个味道

≫ 十二生肖局部 寿字符号和鼓罗圈组合纹样

≫ 十二生肖局部 鼓罗圈组合纹样

**剪出来的大师** 第四章 还是那个味道

> 十二生肖局部 盘长和鼓罗圈组合纹样

≫ 十二生肖局部 水尖尖纹样

剪出来的大师 第四章 还是那个味道

>> 十二生肖局部 万字不断头纹样

174

≫ 十二生肖局部 寿字符号和香炉腿腿的组合纹样

**剪出来的大师**  第四章 还是那个味道

**姬：您是怎么看待您今天所取得的成就的？**

刘：别人说刘静兰你真优秀，获得那么多奖，我说实际的，我的东西不好，是老祖宗帮我的忙，是老祖宗留下的东西好。

我们传统剪纸的工具都很简单，就是一把剪刀一张红纸，剪刀买回来，先用粗磨刀石磨，再用细的磨，最后用细砂纸磨出剪子尖来。我们的祖先就是用这么简单的工具剪出这么美的花花，我真是佩服呀！自从知道老样子的珍贵之后，我逢年过节都回家收集老样子，亲戚朋友也帮着收集。每次拿出那收集回来的老样子就感觉非常舒服，隔一段时间我就会复制一下，在接下来的创作中就会用上老样子上的元素。可还是觉得没有老的样子美，以前不知道这中间是怎么回事，剪得时间长了就慢慢悟出来了，那是因为老样子搭配的好，一块一块的是实的，可在上面或者下面搭配一个虚的，有时候自己不知道怎么设计，但是能够辨别出哪个是美的，美在哪里。有时候就想那个老样子怎么能够处理的那么简练生动，就说那个兔子的造型，一个毛球球伸出几个简单的椭圆形小爪子，立马变的生动起来，老祖宗真是聪明！他就敢把兔子的爪子概

▶ 兔 8 厘米 × 8.5 厘米 三号村 看着像就行，你看那一排排小圈圈就是瓜瓜了。

搞成那么个样子，单单去掉那几个小爪子，兔子的造型就变成了实片片了。我自己去创作的时候就想要把兔子趴在那里时爪子弯曲窝进去的写实造型剪出来，但剪出来的时候就很难看。还是老样子智慧呀！而我们现在的人有时候创作出来的东西，又费力又难看。再看这一张作品，过去的人真是大胆聪明，里面还有着丰富的文化内涵，你看这是辈辈封侯，大猴身上背着小猴，上面小猴高兴的，下面猴子压得头都到这里了，很大胆的把猴子的蹄子处理成一串圆圈，一张红纸掏上几个圆就变成了两只猴子，真是佩服呀！还有过去结婚的时候扣碗儿也叫喜花，阴阳相合，扣碗还能开花结子呢！很含蓄，不像现在必须剪出一个喜才知道是喜花。

刘静兰不但在向传统剪纸学习，在回家时她还很用心地观察家乡的一切：一草一木、牛、羊……之前司空见惯的东西，此时成了无尽的宝库，刘静兰跳出那个圈子后，用一种全新的视角去观察往日最平常的事物。她用相机记录了这一切，并将成为下一季作品的养料。

≫ 母子猴 9厘米×7厘米 南梁村

≫ 拍下来，有个模样，回去创作的时候可以用。

# 第四章 还是那个味道

➣ 这头牛多威武！

➣ 你看，它准备招呼它的伙伴呢！

➣ 为什么要对着我照？那牛可能不知道咱们是干什么的。

➣ 牛走起来是什么样子的？

➣ 威武安静的牛是什么样的？

➣ 老黄牛，来，看我一眼，好！这个角度很威风！

➤ 一群小羊

➤ 吃草的羊看起来很优雅。

➤ 拍个头部特写,剪纸的时候好参考。

➤ 卧着的牛是什么样的?

➤ 初生牛犊就是和大牛不一样!

➤ 奔跑的小牛。

# 第四章 还是那个味道

▶ 这头小牛卧着的造型很好！

▶ 牛妈妈跑过来了，她还以为我要伤害她的孩子呢，这就叫做护犊子。

▶ 一群自由的牛，你看后面那两头牛多亲密！

▶ 街道上找虫子的大母鸡

▶ 突然来了一阵风，惊慌的母鸡是什么样的？

▶ 这个窗户上的剪纸民间味道很浓！

❯ 拍下老房子，以后就看不到了，展览的时候，边上放上老房子的照片，让以后的孩子知道过去人们的房子。

❯ 拍下老窗户，等闲下来的时候复原一批老窗户。

❯ 这些都可以陈列到农业博物馆里了，你看这一家没人了，但是看去来却像是一个农业博物馆，什么家什都有。

# 剪出来的大师　第四章 还是那个味道

> 送给我窗花花的老太太去世了，新做下的鞋也"mán"到院子里了。你看，这是三寸金莲呀，拿回去做个纪念。

> 你看，这个也是老样子复制的。

> 送给我窗花花的老太太去世了，新做下的鞋也"mán"到院子里了。你看，这是三寸金莲呀，拿回去做个纪念。

182

## 第二节 传统之外

### 一 听听专家怎么说

"其实1994年参加那次展览还不肯定我这个东西到底好不好，我喜欢看一些理论性的文章和书，还经常参加一些民间美术理论研讨会，就是想去听听人家怎么讲。……记得小时候剪的时候就会有很多疑问，像那个碗啦，为什么动物要卧在里面，……后来看了理论书啦，看了一些研究了，可能这些疑问就能够给套出来。"

**口述人：刘静兰**
**时　间：2009年5月20日**
**地　点：中央美院**

姬：您的剪纸之路是从复制老样子开始学习的，从被动到主动创作，从别人的认可中找到自我认可，这个过程是怎么样的呢？

刘：参加了那么多展览，还获了不少奖，这样也开始自己认可自己了，也是从人们对我的赞扬中找到自己的。

1992年之前是我不断摸索的阶段，当时创作热情可高了，可就是不知道该怎么剪，就照着那洗脸盆底啦、门帘啦画下来剪，那会儿我小叔子在我家上学，有时还想他也不学画画，要是学了，他画，我照下来给他剪多好呀！（笑）那时候爱剪纸爱的，每天上班的时候把剪纸放在家里就像把孩子放在家里那样不放心，一回家就铺得一地，总是看不够。我爱人看见了，笑着说，你看你剪了这么多铺的满屋子都是，都够办一个个人剪纸展了。这后来，1992年我就和昆区文化馆联合在包头办了一次个展（图4.89），当时展出的作品基本上都是喜花和团花，从那次展览上我获得了一个信息：文化部将在1994年举办一次中国民间艺术一绝大展。

要说慢慢知道自己的剪纸好，还是要从1994年我参加中国民间艺术一绝大展获得铜奖开始的。那次展览在1992年就下了文件，是文化部涉文司主办的，文件下到地方文化局，展览是1994年举办的，当时下的第一个文件就说了对作品的要求，要求作品是传统的东西精美的东西，我一想，最精美的东西就是我们那个窗花花了，又一想拿这么大儿的窗花，放到那么大的展厅别人看不见，在创作之前就是这样连续的想，后来又一想把整个窗户搬过去吧（图4.90）！就这样做出来了。当时那个展览还送了《六猴献寿》（图4.

剪出来的大师　第四章 还是那个味道

▶ 凤戏牡丹 55厘米×55厘米 1992年包头刘静兰个人剪纸展展品

91)),是大的团花,靳之林老师评价说有点现代了。还有这个就是《老窗户》,我觉得是精美的。当时评委我也不知道是谁,后来和乔晓光老师说起来才知道当时的评委中有乔老师和靳之林老师。金奖是库淑兰,银奖是王继汝,铜奖是我。当时就觉得那次展览红火的,各地都有文化馆带队的,剪纸类的山西陕西的最多,山西的一个大厅,陕西的一个大厅,其他地区就是零星的有。那次展览红火的,危险没把美术馆给踩塌了,国内的国外的人都来看,中国民间的东西一下子拿出来了,当时有一个黑龙江剪纸的,就每天在现场剪,后来他告诉我,有很多老外给他手表,请他吃饭,还要跟他订货。我呢,就觉得展览那么多东西,

> 老窗户 86厘米×86厘米 1993年创作 我觉得我们的窗花花最精美,可是那么大大儿的窗花放到那么大的展厅也看不到呀,干脆把窗户搬过去吧!

# 剪出来的大师　第四章 还是那个味道

≫ 六猴献寿 55厘米×55厘米

很多都能够运用到剪纸里，当时展览的还有山西的刺绣，整个一墙都是那个山西人收藏的刺绣，特漂亮，感觉特像剪纸，也不知道是绣品用了剪纸，还是剪纸用了刺绣的样子。那么多绣品！每天我都过去看，就是一种学习的心态在看，看的时候，有一个人，是从加拿大回中国的，来收绣品的，我说我是内蒙古搞剪纸的，他原来早就留意了那些剪的好的，我一说，他就问我的住处，想要看我的作品，那次我带了少量的窗花，带的比较多的是喜花，他买了我的《六猴献寿》还有很多喜花，那次总共卖了一千多块钱，其实当时还不知道怎么定价钱，在展览的时候，就老有人问我，这个卖不卖，多少钱？我就想，这个剪纸咋定价呢？我就问浙江文化馆的带队的，他说艺术品的价钱就是按照你的日工资乘以三去算，创作时间是多长就算多少，这我才知道价钱应该怎么定。以前在王府井工艺大厦里看人家卖的剪纸一个三块钱，我都觉得那么贵，这次一看原来剪纸也能卖这么多钱。

其实1994年参加那次展览还不肯定我这个东西到底好不好，我喜欢看一些理论性的文章和书，还经常参加一些民间美术理论研讨会，就是想去听听人家怎么讲。1997年那个时候我参加的是第三届民间美术理论研讨会，第一届第二届都出论文集了，我那里都有，都看。1997年那次群众文化理论研讨会，是文化部社文司在天津主办的，参加研讨会的人都要写文章，我就写了我们那里现在老窗户都没了，女人们都到外面打工了，就是我们那里的剪纸现状吧。那一次研讨会也没有出论文集，就是大家的文章复印了互相看，他们的文章我都看，不但看剪纸的还看其他民间艺术类的，像玩具了、农民画了、布贴画了……研讨会上那些理论家站得高就能看得远，对当前的局势做分析，都能讲的很好，当时发言的有：冯真、陈竟、乔晓光、杨阳，还有各个地方艺术门类的代表发言。研讨会上大家还会找专家看自己的作品，我就记得当时天津大港有个搞剪纸的让乔晓光老师看，她剪的都像那个画画的一样，乔老师什么也没说，就跟她说，你让刘静兰跟你说说，我们坐下来聊的时候，我说这几年我才懂了画画的和剪纸的造型是两回事儿，这后来乔老师才跟她讲，实际上乔老师给她说我在一边听，也是一个学习的过程。我参加展览的时候都是跟在那些专家后面听他们给别人讲，这也是在学呢。还有记得比较清楚的是乔晓光老师的一句话："国际上把我们的剪纸那么看好，并不是说对我们薄薄的一张纸能剪出东西来感兴趣，而是那里面的文化。"这意思是，不是说一个剪纸能够剪一个花剪一个草就行了那么简单。

其实在1998年之前我已经看了很多相关民间艺术的书，你看我1984年的时候就到图书馆买了张道一的《美在民间》，不光是剪纸，像其他的玩具啦、刺绣啦、工艺啦我都看，还有一些图案的书，八几年的时候在美术杂志上登的陕西剪纸的文章，人家说好，但自己也看不出来好在哪里，到后来只要有这方面的书就买过来看，但还是不知道自己的好不好，到那次参加了民间一绝大展获了奖才知道自己的也是得到专家认可的剪纸。看过那些理论书籍之后，再拿过来传统窗花复制的时候，就觉得里面的民间味道真是很浓，但是浓在哪里，还要自己慢慢体会。刚开始剪的那个花朵，感觉怎么剪都显得那么整，不好看，但是那个细毛毛也是那样一圈一圈地剪呀！后来复制了老窗花之后才知道，那个中间的花蕊是必须剪出来的，要不是古起来就死板。

我原先在厂子里的时候，就分了很多美术类的杂志《美术观察》、《美术研究》、《装饰杂志》，这里面靠近民间艺术的我就都看，看这些理论书籍给我解决了一个以前总是想不通的问题。记得小时候剪的时候就会有很多疑问，像那个碗啦，为什么动物要卧在里面，还有父亲过年贴窗花的时候，那个斗方为什么是里面红的外面绿的，没人去问，也没人知道这些，这代代传下来的规矩，现在也没人能说清楚是因为什么。后来看了理论书啦，看了一些研究了，可能这些疑问就能够给套出来，传统剪纸里怎么有那个鸟卧到盘子里，那么大的一个鸡也卧到盘子里，猫也卧到盘子里，小时候剪的就是这样，那些动物植物都在盘子里呢！后来就听他们无锡轻工学院的一个老师在《装饰》杂志上写了一篇文章说：地球处于混沌的时候盘古开天，后来才有了水云呀、动物啦、植物啦、人类都是在这上面运转，这是一种生命的运转。噢，原来是这样，这就明白了，为什么那么些东西都在盘子里，也是一种生命的象征。就是这样，在现实中遇到的很多疑问，说不定什么时候就会碰到这样的理论去对应去解释。

1994年我参加中国民间艺术一绝大展的时候获得铜奖，那时候是专家评委评出来的，自己也没在跟前，也不知道他们是什么样的反映，心里很想知道。1998年有一个博览会，就想租个展位看看观众的反映，看看他们看到我的作品后的表情，于是五千块钱租了个展位，没想到很多人拿了定单来谈价钱要货，我说我不卖，我还要上班呢！人家瞪着眼睛说，那你来这里干什么了？这时才知道博览会原来是卖东西的地方（笑）。最后人家都撤展了，我那里围着很多人走不了，我不想卖，所以定的价位也高，可还是有很多人想要。我说我在那里当工会主席可忙了，人家说这么好的生意不去做，当什么工会主席，上什么班呀！有一个画廊的老板买下了我获金奖的作品《十二生肖》，我问他为什么要买剪纸，他说送给外国人的，送他们国画他们看不懂，送他们油画又是他们本土的东西不稀罕，而剪纸是中国本土的东西，外国人也很喜欢。当时并不觉得卖剪纸就是个正式的职业，工作才是重要的。可是从观众的眼睛里也找到了我们传统剪纸的地位来，我们独一无二的文化呀。

## 二 书上来的灵感

"对我影响比较大的理论还是靳之林老师的阴阳相生，生生不息的理论.。……设计花的时候老是跟它说话呢！那花朵太饱满的时候，就想着，来，耷拉下来一点！剪那个花骨朵的时候就说着，茂盛一点！往上一点！你还年轻着呢！就是那种感觉。"

**口述人：刘静兰**
**时　间：2009年5月20日**
**地　点：中央美院**

姬：看了这么多的书，您认为哪些理论家的理论对您影响最大？您在创作中是怎么用这些理论的？

刘：对我影响比较大的理论还是靳之林老师的，后来看觉得很多人的理论都和他相似，他的阴阳相生、虚实对比都对我影响挺大的。无论在看剪纸还有创作的时候，就会用他的理论去看。

小时候在老家的时候很少说构图、虚实、形式感这样的词，人们的标准是"毛毛剪的长甚甚的，档档剪的细针针的"，后来看了靳老师的理论和其他人的理论就知道了虚实搭配这种说法了，再看传统老窗花就知道老窗花之所以看起来舒服，就是因为它虚实搭配的特别好，你看那个窗花就需要有虚有实，就像那个一阴一阳一样，就像那剪纸下面是盘子碗空空的，叶子挖出来也是空空的，到上面的花就得是实的了，这个才好看，老家人讲话，你整个上下都是"实片片"的也不好看，所以说这都形成规律了，任何的作品都可以这样处理。这个猪的小窗花就是这样的，她能把腿剪成那么长长的几根线，上面有点实，下面这么一空就舒服多了。

这样看着老窗花，复制老窗花，我创作中也就注意这个虚实搭配了，都是边剪边摸索的，这次剪不好，下次就改了。你看我一个萝卜一个筐的那个

≫ 猪 6.5厘米×8.5厘米 三号村 你看多好看呢，那么几根线条就是腿了，真是胆大智慧！

作品。萝卜那么大是实的，边上的筐我就挖空了变成虚的。上下搭配着虚实好看，左右这样搭配也好看。

你看这个《喜鹊登梅》这是传统中有的题材，刚开始的时候剪了一个，把这个花和那个喜鹊连在一块儿，怎么看也不好看，赶后来就意识到中间没有凌空的地方，满了就不好看，感觉一片片黑乎乎的。后来又剪的时候就把喜鹊的腿给它拉出来，也不剪那个脚爪爪，这样看起来就好看了。还有这个《凤凰牡丹》也是和那幅一样如果中间凌空了好看，下面的那个牡丹看起来太整了，上下都一样了实片片了。就是这样剪完了就会看好不好，不好了下次就改。

> 萝卜篮子 12厘米×10厘米 2006年创作 虚实搭配和阴阳和谐是一样道理，只有这样才好看。

> 喜鹊登梅 115厘米×15厘米 1992年创作 虚实搭配不太好,就显得"实片片"了。

▷ 喜鹊登梅 16厘米×15厘米 2007年创作 这样把腿腿拉出来就好多了。

**剪出来的大师** 第四章 还是那个味道

≫ 凤凰牡丹 15厘米×18厘米 1990年代创作

不光是剪纸可以用他的这个理论，其他艺术包括生活也可以这样解释，所以他对我影响最大。你想啊，一个盆里面长出那么多的花，那个枝叶长得旺的，下面如果没有一个有十斤水的盘子那花就倒下来了，只有下面有一个这样的才能长得这么旺，感觉那个花那个枝的，好像那个长度伸不到那么长，就没有生命力一样，设计花的时候老是跟它说话呢！那花朵太饱满的时候，就想着，来，耷拉下来一点！剪那个花骨朵的时候就说着，茂盛一点！往上一点！你还年轻着呢！就是那种感觉。剪那个小动物也是一样的，我剪那个戴草帽的猴子时，就想着猴子嘛，翘着二郎腿，心里还说着，脚，翘起来一点！你看那个猴子的脚就是

▷ 花 18厘米×16厘米 刘静兰创作 花儿，开的再旺盛一点，看，你多美！

剪出来的大师 第四章 还是那个味道

> 猴子摘桃子 2001年创作 抱着桃子多得意，来把脚勾起来！

勾勾着，调成的。那套十二生肖里的蛇设计的时候也是这样的，那个蛇头大大的，一个圈卷着，就像一个女人一样，后面的尾巴撑着，就像十那样地支着，嗨，美女蛇吧（笑）！就感觉剪的时候那个花也在动，动物也要动着呢！

➤ 蛇 18厘米×18厘米 2001年创作
美女蛇，来摆一个姿势！

**姬**：在不知道自己剪纸好的时候在各种展览上您努力向别人学习，在风格固定之后您又是怎么对待展览和其他地区的剪纸呢？在展览中获奖又对您的创作有什么影响呢？

**刘**：等到我的剪纸风格基本上定下来的时候，那些展览对我的创作就没有什么太大的影响了。上次去日本参加展览，看到日本的剪纸就那几种，并没有我们国家的丰富，研究也不如我们国家深。去国外也只是看我自己感兴趣的东西，最高兴的是在法国的卢浮宫看到一些石雕上面的纹样，很象中国的剪纸花样，比如鸟的尾巴，还有牛身上的饰纹，鸟的眼睛圆豆豆的，还是正面的，和我们剪纸上的鸟是一样的。现在我的风格和题材都比较稳定了，所以外界基本上对我的创作没有什么影响，启发性的也谈不上了。看到一个好的作品和老的传统剪纸也会很激动，噢，那个地区有那样的剪纸，很好！湖北的陕北的，感觉可好了，就是觉得像文物一样，好是好，但是自己感觉不能把它搬过来，那样就不对了，我感觉在我的这个基础上就已经是用不完了。

➢ 卢浮宫藏品石雕 你看这些图案多像我们的剪纸呢！

➢ 卢浮宫藏品石雕 我就只看那些图案，很美，很像我们的鸟。

≫ 卢浮宫藏品石雕 你看这个多像我们那个鸟衔着鱼的窗花花！

≫ 卢浮宫藏品石雕 你看他们的花花也是那么简单。

≫ 卢浮宫藏品石雕 看来世界上很多国家，艺术上用到的方法都是一样的。

≫ 卢浮宫藏品石雕 他们和我们的鸟的造型一样都是简练生动。

≫ 走到哪里我都会关注那些装饰有图案的东西。

## 第四章 还是那个味道

获了那么多奖对我最大的启示还是激励我努力的剪，不要人家失望。获奖后就会有一些集邮爱好者给我寄过来用了我的剪纸的邮票让我签名，我还问我女儿，他们怎么知道我的地址？她笑着说这还不容易，她打开电脑，在网络上键入我的名字，立刻出现一串关于我的信息。我惊呆了，哈哈，你看，有我了！女儿笑我幼稚。有那么多人支持我，我心里可美了。我参加展览回去告诉我的家人，我每天坐在展览现场就是接受表扬的，心里可美了！美了以后就得对别人负责呢，以后就得好好地剪，再给他们获点奖，后来我就想让买我作品的人感到作品的珍贵，感到自豪！

我现在想想也就是功到自然成，有一次一个记者问我，你刚学剪纸的时候是不是就有想过以后向这方面发展呢？我说，我梦都没有梦到，剪纸还有这么大的用处，可以卖钱，可以带着它出国，可以评上工艺美术大师，也许就是功夫到了就成了，也没有急过，也没有想过要拿它卖钱或者要拿它去做什么的。这个时代很浮躁，但是越是别人躁的时候，我们越应该静下来，反正现在我也不急，虽然工资不多，可生活也算有了保障。我的很多剪纸都拿去送人了，送朋友，送喜欢剪纸的人，送给会欣赏的人就很高兴。其实我也没有做什么，却收获了那么多，那么高级别的表演都让我去了，国际教科文组织的展览只去了两个人其中就有我，这是天大的荣誉呀！过去哪里能想到呀！我很知足了。

**姬：在创作中也会碰到传统中没有的题材和一些新的想法，您都是参考什么创作的？外界的一些新想法会影响您的创作么？**

刘：有些样子是传统中比较少的，这个蛇就是，我们很少会去剪蛇和龙，也不知道为什么，剪的时候，就听宁宁的爷爷说蛇的头是三角形的，就想着蛇的身子那么长，拉长了剪也不好看，人家说"蛇团团 蛇团团"的，剪的时候就把蛇身子团团的缠在一起，就这样想象着创作了。那些年人们不是很信那个"8"么？我就把蛇的身子盘成8的形状。

比如说《十二生肖》这个作品吧，就是受到邮票设计中交替封的启示，后来设计的，交替封是邮票的一种，比如说牛年了，就设计一个鼠和牛在一起的邮票，鼠年去了，牛年来了。我和邮政总局邮票设计部的合作从1996年开始，一个很偶然的事儿，北京世妇会期间有一个展览，我就想去看看，当时我四哥的同学在中央美术学院，我就拿着作品过去让他给看看，他看了那些窗花后就说，这么小的窗花像邮票似的，自己说着说着就想起了他的学生在邮政总局，就联系了邮票总局，人家看了我的剪纸觉得不错就复印下来，还嘱咐我让多创作一些生肖类的剪纸，因为邮票的种类很多，有邮票、邮品、交替封、首日封，当时也不知道生肖怎么个用法。《十二生肖》的创作就是这样的，一个格子里面中间是当年的生肖，上面是去年的生肖，下面是下一年的生肖。样子还是老窗花的样子，只是加了些想法。

像这个《马到成功》的设计就借鉴了书上写的谐音的方法设计的。为了虚实好看马身上驮着一朵花，花花地好看，稻谷取了它的谐音。在传统窗花中没有把马和稻子一起用的，传统讲马本来就是驮元宝什么

≫ 马到成功 2001年创作

的，这个创意是我后来看了书以后，就把这种谐音给用到作品上了，马和稻"马到成功"。类似的还有《一路清廉》，这幅剪纸的色彩象征清清白白的，取了莲花和鹭鸶的谐音，结果剪完了上面一部分就觉得整幅构图还是有点单调了些，后来就想如果干部一路清廉的话，老百姓富裕吉庆有余了，下面就又加上了水下的鱼和水草。

有些作品则是用了书上的一些吉祥说法来创作的，比如《肥猪拱门》，过去我们这里没有这种说法，这是从天津那边传过来的说法。人们说肥猪拱门拱出的是财富，就安排了一个门，墙垛子这样一个一个的下来不好看，就在中间变化一下，把它掏空了。肥猪拱开门后中间有一小块空空地不好处理，就加上了钱币，这样既安排好了画面，又体现出了肥猪拱门拱出的富裕。猪的造型尽量让它肥，可又不能太肥了，把握好

≫ 一路清廉 55厘米×30厘米 1991年完成上半部，感觉单了一些，后来1999年又加上下半部。

≫ 肥猪拱门 2006 年创作

# 剪出来的大师　第四章 还是那个味道

▷ 四君子　单幅 27 厘米 × 20 厘米　1991 年创作　觉得这个题材很好就剪了，在最后看来民间味儿不浓。

尺寸才好。类似的还有《四君子》的设计，就是想到了这个挺好的题材就创作了，可创作出来传统味道还是不够浓。

**姬：现在的创作状态是什么？对以后的创作方向有什么想法么？**

刘：现在都是人家出题目我剪的，过段时间就想自己好好想想，创作出一批作品，把自己过去的经历，农村的生活，在村子里听到的故事剪出来。还有过去劳动的场面像播种、刨草根、锄地、收割、打场都剪下来。

　　这都是一些初步的想法，我还是喜欢顺其自然！到时候该剪什么就剪什么，有时候就是突然的一个想法。只是现在如果两天不剪剪纸，或者两天不看这些剪纸就感觉像丢了什么似的，已经是离不开了。要么是别人需要什么我就剪什么，要么就是时间长长的，静下心来创作一套东西。现在就想把那些老的小窗花剪下来，趁着现在眼睛还好、手还好的时候多剪一些，静静地坐下来，毛毛才能剪的又细又有动感，心里毛毛燥燥地就说不定哪个毛毛粗哪个毛毛细了，感觉在剪那些毛毛时就像练气功一样，静静地运着一股气。多复制一些老样子留下来以后讲课了都能用到。

## 本章小结

　　是谁首先发现传统的缺席？文人。是谁首先投入到寻找传统的朝圣中？文人。是谁定义了传统？文人。然而西方知识体系下的新时代文人，他们阐释下的传统又该是什么样呢？在朝圣与被朝圣之间最终形成了以强势一边为主导的融合。

　　文人对于民间艺术的朝圣，从上世纪初就开始了。例如：1918年，北京大学蔡元培、沈尹默等人创办《歌谣周刊》，并成立歌谣研究会，采集、整理、研究人民创作的歌谣，这是我国文教界注意民间文学艺术的开始，为我国民俗学的创立奠定了基础。另外，鲁迅曾提倡新木刻家要向年画、木刻、插图和连环画等民间艺术学习。并收集到数十幅木版和石印的各种年画，以供青年木刻家向民间传统艺术学习。

　　然而，具有强势话语权的文人在学习传统的同时，以极强的观念影响了传统的存在形式，他们重塑了传统。正如中央美院毕业在延安工作的靳之林，上世纪八十年代在陕北延安地区13个县市开展了以民间剪纸为主要对象的民间美术普查，普查和发掘确立了民间美术作为民族艺术文化组成部分的身份，发掘出了代表性的传承人，并在此基础上选出剪纸能手办班，而且通过集中办班搞剪纸创作的方式，还发现了传统民间剪纸中大量具有民俗价值的文化记忆，同时也激活了剪纸传人的创作热情，民间美术传承者开始渐渐脱离民俗功能转而去进行艺术创作。至此，民间剪纸逐渐蜕变成文人诠释之下的现代艺术创作。

## 注 释

[1] 方言，喇叭。

[2] 茶壶的寓意源自于含有"生命"意义的葫芦崇拜。(《民间剪纸主题纹样与"物候历法"》滕凤谦收入《中国剪纸论文选》37页）

依据古汉字推理：茶壶的"壶"字是"瓠"（葫芦）的别体，壶、瓠古相通不别，壶、瓜古相通不别。就是说，壶、瓠、瓜在古代就是形殊而义同的字。

依据文献推理："汉族以葫芦（瓜）为女娲本身……为甚么以始祖为葫芦化身，我想是因为瓜类多子，是子孙繁衍的最妙象征，故取以相比拟。"（《闻一多全集·伏羲考》）

"瓠瓜（葫芦）星（北斗星）明……则后宫多子孙；星不明，后宫失势"。（《开元占记》）

"绵绵瓜瓞，民之初生"。（《诗·大雅·绵》）

[3] 当然这只是一家之言，也有用剪纸表现国画风格的，那就另说了，这里表述的是刘老师自己对于剪纸的理解。

[4] 古语有云："自混沌初分时，天开于子，地辟于丑，人生于寅，天地再交合，万物尽皆生。"传说天地之初，浑沌未开，老鼠勇敢地把天咬开一个洞，太阳的光芒终于出现，阴阳就此分开，民间俗称"鼠咬天开"。老鼠也成为开天辟地的英雄。老鼠的图腾，象征着对太阳的崇拜、对光明的追求。"子神鼠破混玄，天开；从警，戒身以平安；从捷，迅足以登先；应万物之灵，吐物华天宝之兽。"

以上资料源自百度网：http://baike.baidu.com/view/1353237.htm

[5] 民间关于老鼠的题材很多，老鼠爬杆儿、老鼠啃南瓜、老鼠啃白菜，这在黄河流域非常普遍，笔者在采访中得到一个朴实的说法，那就是老鼠是最能够找到食物的，凡是它到的地方就是富裕有食物的地方，因此商都地区人们说"鼠盗盗不穷"。

[6] 蛙与蟾象征多子、送子、护子、长寿、引魂之神的功能。（《巫术·宗教·原始文化——中外传统民间艺术探源》王海霞）依据各地民俗推论：

1、多子。"广西左江崖壁画的大型祭祀图蜓蛙神图也是壮族先民祭拜蛙神的传真写照。……岩画中，与蛙神同在的还有男女交媾的场面，这无疑诠释了蛙神的生殖意义。"（108页）

2、万能的神。"壮族人民凡祭祀、乞求丰收、祈雨、庆典、婚丧嫁娶等一切仪礼，皆宜蛙铜鼓相伴"，"人们相信青蛙能死而复生，它不是一般的生物，而是能够长生不死的'鼓精'"。

3、长寿、护子、送子。"陕西临潼新年时娘舅送给外省的'长明灯'和'长命富贵灯'一般为蛙形图案。在西北农村广大地区，蛙纹刺绣小儿和新娘裹肚十分普遍。在端午节习俗中广泛使用'五毒符'，常以蛙或蟾居于中心，这是民间以蛙作为保护儿童的灵符的例子"。（110页）

4、引魂。"徐州地区的一首送老歌中唱道：'……一蟾一鹅，带过奈何桥，一梯一云，老奶奶上天成神'，这里蟾就是带领亡灵通过联接阴间和阳间的奈何桥的灵物。"（111页）

# 第五章
# 进入现代生活的剪纸

# LIU JINGLAN AT THE CUTTING EDGE
## An Oral History of the Chinese Papercutting

本章综述

刘静兰在艰辛地学习新规则之后，其剪纸走进现代生活。然而，剪纸的未来是什么？下一代对于传统的漠视又将带来怎样的结果？他们如何看待传统？他们又会如何将传统继承下去？他们将把传统引向何方？

如今，剜窗花花不再是群体行为，而成为职业，于是剪纸创作个性出现；窗花花也不再是无需标价的日常用品，而成为标着价码的文化符号，于是剪纸市场出现。在市场与艺术之间如何把握，在传统味与现代感之间如何平衡，这是刘静兰这一代艺人共同面临的问题。在与传统不断地对话之后，在与市场不断的磨合之后，刘静兰找到了自己的平衡点。

> 坐在这里就这样剪，什么也不想，心静下来了。

## 第一节 我的剪纸小店

### 一 适应市场的剪纸

"要说对我创作的启示就是顾客的要求了，他们过来要我设计剪纸时，就会提出要求来，饭店的来了，说要一些有乡土味道又能体现饭店特点的剪纸，我就想着从传统剪纸中给他挖掘这种题材，你看这个《取财有道》……"

**口述人：刘静兰**
**时　间：2008年8月12日**
**地　点：北京市高碑店刘静兰工作室**

**姬：过去小时候商都地区有卖剪纸的么？第一次拿剪纸来卖钱是什么时候的事？**

刘：以前在家乡没有见过卖剪纸的，在包头也没有见过，乌兰察布也是这两年才有。我第一次把剪纸换成钱是在1992年，当时我带着厂子的学习任务来到北京，可心里还是想着我那剪纸呢！我喜欢看民间美术方面的理论书籍，当时买的基本都是北京工艺美术出版社出的，这就想着那个出版社肯定有懂这个的老师，我就带着作品去北京工艺美术出版社找老师给我看剪纸，结果也没有找到。当时可执着了（笑），没找到就想，我在长安街上看到过一个中国工艺美术出版社，那里的人一定会懂民间美术吧？结果也没有找到老师，不过在工艺美术馆的一楼大厅看见全是卖工艺品的，我就走到卖剪纸的摊位，让他给看看我的剪纸行不行，他是卖剪纸，说剪纸的师傅去承德了，他说，你拿过来让我看看吧！这我就打开我的作品，这时候边上的一个买剪纸的人拿过去看了看，问你卖不卖？我当时也不知道该卖多少钱，那个卖剪纸的看起来懂一点，就跟那个要买的说这个人剪的是纯手工的。而她那里卖得剪纸是承德的染色刻纸。一个小的至少要六七块钱，那人就给了我十块钱说"别找了，我再拿一张小的吧"。又扭身问我，你还有么？我全要。我说有，但是不能卖给你，我还要找老师让他们看呢！他就给了我一张名片，让我找到老师了一定给他打电话，我看了一下名片好象是香港的。

在这之前，我出差的时候，在王府井工美大厦也见过卖剪纸的，记得当时卖的大概是安徽那边的剪纸，就像画画那样的，牡丹什么的造型挺多的。当时就觉得人家设计得好才能卖，感觉卖的就是最好的，我的作品就卖不了。那时候可想知道什么是好作品了，希望人家看看我的作品，给我点建议，所以，一有机会，感觉去请教那些老师的人,也认识不太多,就是感觉他们非常地耐心过去了,发达地使我找我小剪那个地方,当时咋就那么大的劲儿。(笑)

那时候在北京学习,一有空就去找老师,那次在工艺美术馆没能找到老师,第二天我又去了,正好碰到那里的宋勇老师,他说给我找懂的专家,这就给我写了个条,让我找中国艺术研究院的吕品田老师,说吕老师那里正编一本中国民间艺术全集,中间有剪纸卷。后来我就去了艺术研究院,找到了邓福星老师和吕老师,他们看了我的那些作品留下了一部分放在了那本书里。其实当时一个是想学,另一个是想这个东西除了展览还能做什么呢?随着我们国家的发展,这种东西还会有什么样的用处呢?后来邓福星老师还给我写了一封信说让我不要着急慢慢来,还夸我的这种精神非常好,都是各位老师会鼓励人,邓老师还给我提供了一个信息,就是参加深圳的一个活动,那时候不知道什么作品好,寄过去的都是喜花呀什么的,现在看来那些作品也不好。

感觉北京的老师都可好了,不管到哪个单位找老师,知道的人家给说清清楚楚的,不知道的也给提供一个线索,连公交车怎么坐都告诉你,要不我那时候哪能找见那么多好老师!

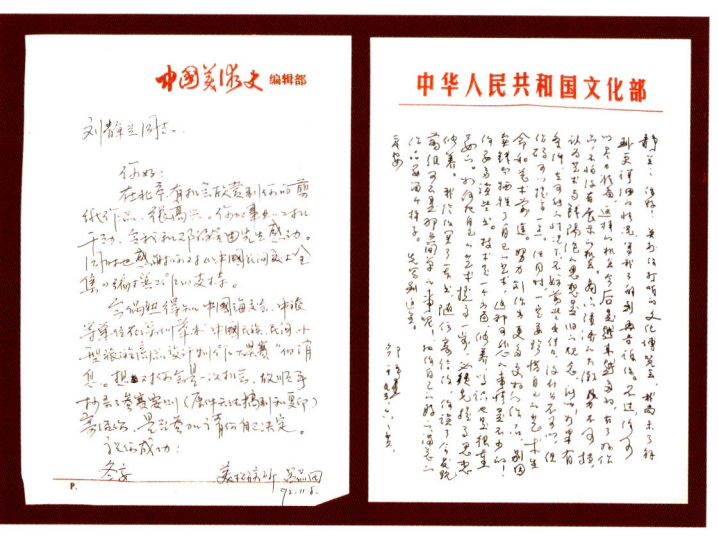

➢ 中国艺术研究院邓福星老师的两封来信 邓老师那么耐心的给我指点,告诉我作品里的不足,鼓励我好好剪,都是这些老师会鼓励人。

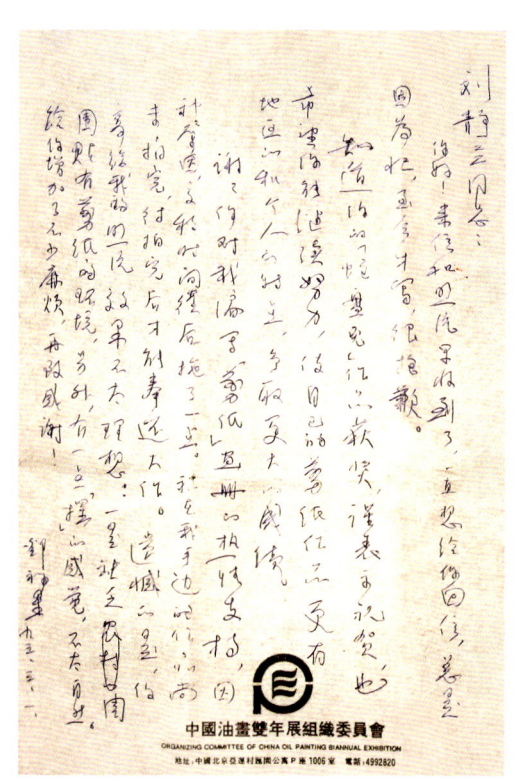

➢ 中国艺术研究院吕品田老师的来信 那些老师可好了,他们说我的精神可嘉,还给我提供了很多学习的机会。

# 剪出来的大师  第五章 进入现代的剪纸

**姬：后来怎么会想到开剪纸店呢？当时您知道包头有剪纸市场么？**

刘：2003年我爱人生病，2004年去世，那年他一走，我伤心得没法在家里呆，就在包头最大的工艺品市场里租了个柜台卖剪纸。开始卖剪纸才知道包头风俗习惯和乌兰察布的不太一样，除了过年要剪纸之外，端午节的时候也要剪纸，要贴端午鸡啄五毒，还有在门头贴黄老虎辟邪，还有挺多剪纸方面的习俗呢。

我开那个小店其实没有想过要赚钱，就想找个事情做，我想开个小柜台可以一个人静静地坐在那里剪，也不用跟别人说话，女儿也很支持我，她说只要我能好起来怎么样都行。可是刚开起来没几天，中国文联的好朋友怕我在家待着不行，就邀请我去参加活动，让我忙碌起来。这样就没法顾店了，我就想到了我的同事李萍，她是我的同事，也是我最好的好朋友，我就请她来帮我打点店里的事情。我们两个在单位的时候关系就很好，平时不是我在她的办公室就是她在我的办公室，一直到退休。我最困难的时候，她一直守着我护着我。那是我丈夫生病去世的那两年，丈夫把我带到包头这边，他这一走我就一个亲的都没有了。那段时间她一直陪着我，我还老是难受的不说话，她看着我难受就劝我，还带我去植物园里：你喊呀！喊出来就会好一点！就那样的亲。那时候她知道我一个人没有人帮，我丈夫去世三天的时候，她都是在自己家里包饺子，煮好了，赶快打上车给我送过来，就是那样的。本来也就没有指着店里能挣钱，就是一个精神寄托。当时的摊位费是每年三千多块钱，女儿说不就是我三个月的工资么，只要妈妈能好受点，就赔吧。

原想着这个店只要李萍的工资够开就行，结果还没赔，别人问我怎么样，我说可好呢！可能是那个可好的标准不一样，人家还以为我挣了十万呢！其实我觉得只要不赔就是可好呢！（笑）

**姬：那么这个店又是怎么经营的呢？市场是什么反应呢？**

刘：开这个剪纸专柜也没有想过要赚钱什么的，结果没想到剪纸竟然卖的那么火，我的柜台过年的时候人们排着队买剪纸，开店的头一年过年的时候就那样，当时我在外地，打电话告诉我，我都有点不相信，怎么会呢？会有那么多买剪纸的？大家看到我的店剪纸卖得挺好的，市场里突然冒出好几家卖剪纸的，后来蔚县的也去了，当地会剪纸的也去了，当时他们都是在

▷ 没有想过要挣钱多少钱，就是来这里"避难"的，让心静下来，不再深陷痛苦。

各地进的货，自己又不服 作，最后适应不了市场的需求，就又干不下去，都走了。他们卖的那些剪纸都是复制的，有时候卖的有好多还是盗版我的剪纸，我就给他们说了，蔚县剪纸有盗版我的，北京有渠道的也会盗版我的剪纸出来卖，那些我管不了，但是你们现在跑到我家门口拿我的剪纸来跟我抢生意，还挂起来，我就可以去起诉你们。最后他们就撤了，其实他们也是在北京进的货，不知道是谁的。

▷ 剪纸小店每天都能迎来不同的朋友。

我柜台上卖的剪纸分几个价位卖，一般家里贴的，买徒弟剪的就相对便宜；如果收藏或送礼的就买我的剪纸，有升值的空间。卖剪纸还是要了解一下现在人的消费观念的，你看现在人们增值的意识挺浓的，一些收藏作研究的都希望能够增值，我就卖得贵一些，而且是限量销售，我卖得少了才能增值，我尽量提高知名度，这样你收藏了就会慢慢升值。比如那个十二生肖配上岁岁平安，在我这一生当中也就二百多幅了，以后也不会再剪了。我的剪纸价钱不乱，精品只会一步步升值。有一次一个客户花了五百块钱买了我一张剪纸，还说，要不是图你的名气大，谁会花这么多钱买张纸呢。我心想人家看重我，图我的名气，我该更加努力地剪，我以后就会好好地给你打闹出些名气来，让买我剪纸的人自豪去（笑）！想象他们在朋友面前展开我的剪纸时是自豪的！另外还有的学生要交剪纸作业自己剪不出来，就来这里买那些我学生剪的不好的剪纸。

顾客有很多种，每类人的需求不一样，你看老一点的学者教授买那些老的窗花花，而现代的人就买那些生肖花，现在好象大家都挺信生肖的。现在剪纸一般都装上框子挂在家里，玻璃窗户过年的时候贴一小块就行了。家里的空间大了，能够挂大的剪纸作品，所以剪纸都比以前的大得多了，在钢筋水泥的房子里，人们还是希望能挂些土味儿浓的剪纸作品。还有很多留学生出国送礼，要好的我就给他推荐我的精品，有些留学生只是要一个中国的礼物就行，我就给他推荐徒弟剪的。所以到我柜台买剪纸的人一般都实话实说，我们可以帮他推荐，还会给他们介绍花样的含义和用途。另外伊盟、巴盟的饭馆都来这里定剪纸，现在的店面装潢也很讲究文化品位的。

过去在我们那里有讲迷信用的让剪小人，到了包头也还是有这样的，谁家有病了，找人看，就来剪小人、马、老虎、人人骑马的，我就让他随便给些钱，我不花这些钱，要饭的来了就送给他们了，人要抱着

# 剪出来的大师  第五章 进入现代的剪纸

一颗善良的心。你看，上次在北京有个顾客订下来了一个全家福，钱也给了，我回来后就认真的创作，剪好了给他寄过去，没想到，那个顾客还寄了一封感谢信，说他其实早就忘了这回事儿了，没想到我还把剪纸给寄过去了，他很感动。其实，剪纸是次要的，首先，我觉得做人很重要。

除了柜台之外都是打电话来订的，我从去年七月份就不接新的订单了，但过年的时候李姐又给接了两家订的剪纸，是一个女的送给她的老师一个老教授送一件礼物，就想起来送剪纸，既有文化又有品味。李姐劝我说那女的不着急，我说最早也要今年国庆节，就这样我才接下来，人家送给尊敬的人的礼物，我们总该负责的，急急地剪不好，就辜负那份情意了。但是过年过节接下来要剪的，晚上加班也要给人家赶出来，人家等着做礼品送朋友呢！

> 剪纸不是最重要的，重要的是做人，做人要负起责任才行。

**姬：开店后对你的剪纸创作有什么启示和影响呢？**

刘：那时候看了一些书说艺术一旦市场化就很容易变味，所以就控制自己尽量不要变味。我尽量控制自己的订单，急急地要的我不接，除非你愿意等，让我有时间慢慢地想，慢慢地剪才行。一幅全家福要十几二十天才能创作出来，今年基本上完成了去年七月份的订单，到去年七月份就不接订单了。现在我每年都要参加几次国家级的展览，这用去了很多时间，要用心去准备，弄不好了就会给国家抹黑，可上心了。

> 坐下来创作的时候，心静静的，即使是走市场了，也还是要负起责任的。

要说对我创作的启示就是顾客的要求了,他们过来要做设计剪纸时,就会提出要求来,饭店的来了说要一些有乡土味道又能体现饭店特点的剪纸,我就想着从传统剪纸中给他挖掘这种题材,你看这个《取财有道》基本是传统的老样子,我稍微加了些改造,其实民间白菜就是代表着"百财"的意思,我又根据谐音就取了这个名字,而且也很合适饭店的需要。这个《担财回家》也是给饭店设计的,虽然传统中没有这个题材的,但是传统题材中却有人人担担子的老窗花样子,那个门也是传统的庙门,保佑平安,我又用了"柴"谐音"财",就取了这样一个吉祥寓意,而且担回了柴就可以做饭了,这不是和饭店挂上钩了么?

≫ 取材有道 为饭店创作的这个创意就一举两得了。

# 剪出来的大师   第五章 进入现代的剪纸

> 担财回家 一语双关，用了谐音的方法。

> 白菜谐音"百财",而且饭店是做饭的地方,白菜这个题材又很合适饭店。

**剪出来的大师**　第五章 进入现代的剪纸

> 这个很熟悉了，是老太太烧火煮饺子的老花样子，用在饭店再合适不过了。

218

≫ 把粮食拉回来，把丰收拉回来，饭店嘛，五谷杂粮都是要有的，丰收了也就发财了，很吉利。

> 把传统的样子稍加改造，在构图上在变化一下，很活泼了吧？

还有的是用在家居装饰上的，比如玻璃上要一些图案了就找过来，玻璃多大的，要什么样的，我就可以给他们设计。现在大家把剪纸都挂在家里也是一种装饰，全家福就是后来在顾客的要求下创作出来，刚开始是结婚的时候我把两个人的属相设计在一起，后来生了孩子了，就把全家的属相设计在一起就成了全家福了，这是根据市场设计出来的。2000年的时候剪了一张全家福，后来来定的人就很多，现在大家就都知道全家福是什么了。去年三百块钱一个全家福，订的人可多了，累的就剪不出来。后来就把价格定成了六百块钱，人就少些，没有那么累了。其实原来也不是想挣这个钱，就是想出这个全家福的样子，一家一个样子，创作起来很有意思，就愿意剪，剪得多了就想着出一本书。

> 岳建新，40岁，职员；武敏，38岁，会计。

≫ 亲密的小家庭

≫ 现代家居中的剪纸装饰。

# 剪出来的大师  第五章 进入现代的剪纸

> 李森，62岁，律师；妻子骆惠珍，60岁，退休工人。

这个全家福中是一对老夫妻，丈夫属鼠的，妻子属虎的，丈夫已经是一个很有名气的律师了，而老婆已经退休了。我就跟他说：不管你钱挣得有多少，名气有多大，你还要把头低下来，恩恩爱爱地跟老婆回了家好好生活。我说老鼠在灯台上已经是高高在上了，她在下面，要让她的面积占得大一点才好。他听了高兴的，拿上这个作品就叫上我们到饭馆去吃饭去了。所以给每一家设计的时候有很多想象都融在里面，每个来取剪纸的家庭都爱听这剪纸中的故事，他们都很高兴。

> 你现在地位高了，但还是要回家好好和妻子过日子。

去明她之后和之前用剪纸装饰家的创作状态没有太大的区别，虽然现在我的剪纸卖得快了，但还是不能糊弄人，愿意等的我就慢慢给你往好里剪。我的剪纸从来不做什么广告和推销，我没有做过。有人建议我做些宣传小册子，还有人说"你是包头的名人、包头唯一的一位中国工艺美术大师"，建议我去找政府部门做礼品。实际政府部门有很多我丈夫的好朋友，有的是主要领导，可是我没有，我觉得剪纸重要的是要高兴，剪纸可以用来交朋友，谁喜欢就可以拿走，只是只有真正懂真正喜欢的人我才送，最不希望的是送给人家，人家不知该往哪里放。

▶ 李先生书斋里的剪纸装饰《鼠咬天开》。他高兴地为我们解释这里的寓意。

　　李森口述：我和刘静兰原来是化工厂的老同事，我们也是老乡，乌蒙人在包头地位低，她是从我们乌蒙走出来的，所以我一直都很关注她的剪纸创作，因为是同事，她总是把她的作品送给我，我有她各个时期的剪纸，每年我都会到她的那个店里拿一些剪纸来贴，家里墙上的生肖剪纸是每年都换。

　　（李森，1948年生，职业：律师；骆惠珍1949年生，职业：退休工人。）

　　岳建新口述：我喜欢这个剪纸，在街上看到了好看的就会买，粗的细的都喜欢，粗的有粗的味道，拿回来装裱了挂在家里看。刘静兰的剪纸是在电视上看到的，就去她的店里买了，她根据我们的需要来设计，很精细。

　　（岳建新，1969年生，职业：职员；武敏，1971年生，职业：会计。）

## 二　来自朋友的支持

　　"跟她时间久了就多少知道她的特点，这样客户来要特殊要求的剪纸的时候，我就知道哪些是她能剪的，哪些不是她的擅长。就是这样，每个人都有自己的特点。她一般擅长剪生肖剪纸，花草鸟类剪纸。这一类的作品不管怎么组合都非常顺手。"

——李　萍

**口述人：李萍（简称李）**
**时　间：2008年8月14日**
**地　点：包头刘静兰剪纸店**

# 剪出来的大师   第五章 进入现代的剪纸

口述人：李萍，1954年生，祖籍东北，刘静兰在包头市第一化工厂的同事，一直帮忙经营刘静兰的剪纸小店。

**姬：在单位您和刘老师关系最好，谈谈您对她个性的了解，还有您对她的剪纸的看法吧！**

李：觉得她的剪纸特别棒，以前没有看到过，小时候是在城里长大的，平时很少能看到人家用剪子剪的剪纸，如果有也是刻纸。当时刻的有主席像啦，天安门啦，现在我还保存了一些。

> 我们一直都是好朋友，李萍比我大一岁，我说等我一百岁你一百零一岁的时候，我们就手拉着手躺下来一起死去，她当时听了，哭得不行。（笑）

我和刘静兰是同事，那时候都在石化一厂的机关。平时干完工作的时候就爱去她办公室玩，大家有的聊天，有的看报，她就剪纸，剪完了，有喜欢的就围着看，也跟着剪，她剪好了，就送给我们。当时厂子里人多，结婚的要剪喜花了就让她剪，她就给了我们样子，大家一起剪。那时候很少有花样子，她剪的就是样子。

在我的印象中她是一个持之以恒的人。刚开始虽然剪的比别人的好，但还是没有现在剪的细腻。开始的时候是厂里的肖师傅帮她画样子，后来就慢慢开始自己画了，自己剪样子了，大概是八几年的时候就开始创作了，前面剪纸的大多都是喜花，小窗花很少，当时在工会就是为大家服务的，剪的也都是大伙能够用得上的。后面创作多了作品就越来越细腻，有很多作品只是简单勾一个轮廓，就可以直接剪出来。在厂子里，她影响了一大批对剪纸有些兴趣的人，去拿起剪刀剪纸。受她影响我也很喜欢剪纸，平时在店里没事了就坐下来剪，看着她哪个样子好就剪，我不像她是创作性人才。

**姬：您一手帮刘老师操办的这个剪纸店，这个店的建立过程您是最清楚的，谈谈当时的情况吧。**

李：是这样的，当初办这个店有两个原因，一是当时有些特殊情况，她爱人刚刚去世，不适合再在家里待了，需要一件事情分散她的注意力。另外你说一个人的作品再好，都放在家里不拿出来推向市场，也不能有好的发展，你挂出来，人家来了都能看到，既能让人知道你，也能让人知道剪纸。

其实开这个店，坐到这里也挺长知识的，顾客来回走，刚开始的时候，可有那好心人了，就和我坐下来聊天。老实说刚开始我也没想到有什么市场，那么累地剪下来，一年能够挣下个柜台费就不错了！没想到包头的市场还挺好的，你看在单位她带动了一批人跟她学剪纸，后来我们开了这个店就又带动一批喜欢的人，有老的有小的。刚开始的时候就是来这里看，很多人就想要报名让她办一个班，但是她太忙了就没办。现在那批喜欢剪纸的人里有很多都剪得很好，还参加比赛了呢！他们也都自己创作剪纸，经常会来这里看。有一位教师就喜欢剪纸，经常过来看，她也会创作，也是静兰的老乡，后来她参加比赛还获了奖呢。时间长了这些人都像朋友一样，他们剪下的剪纸装裱好就拿过来让我们看，还给我们讲她的创作过程。就是这样开这个店，不只是赚钱，还交到了很多志同道合的朋友。还有许多小孩子，大人领着想要过来学习剪纸。

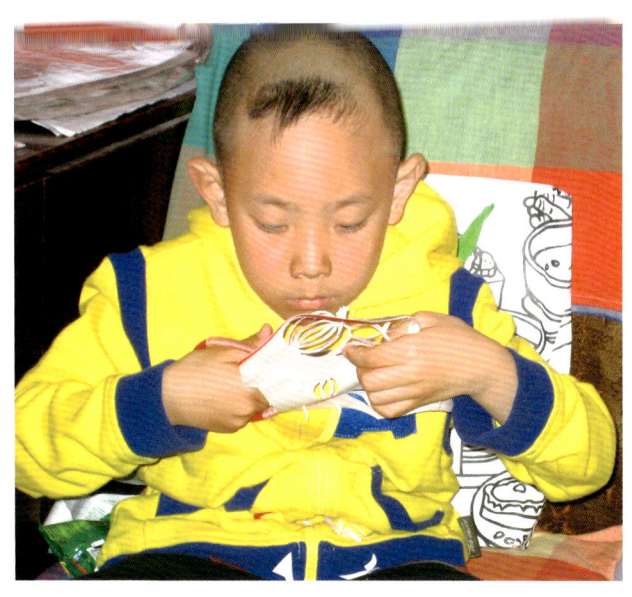

≫ 现在店里来了一位爱用剪子的小朋友，每周末他爸爸送他过来剪一个小时，坐在那里剪，谁过来谁夸，可高兴了！

刚开始开店的时候光是预定的全家福、夫妻属相、饭馆酒店装潢用的剪纸就把她一年的时间安排的满满的。全家福在以前就有，但一般都不是店主自己剪的，都是从其他地方进的货，我们是唯一一家自己创作的。头一年过年的时候卖得出奇的火，全家福、窗花、小的生肖剪纸卖得特别快，都要临时赶工的。刚开始，大家见得少，小的生肖剪纸都卖得很好，这两年基本上就饱和了。这两年店里重复剪的作品少了，多是创作性的剪纸。每年年前都会有一批新的作品出现，不光是当年的生肖花，还有其他结合大伙实用的类型，像连年有余、福字啦，是每年都有的题材，这些题材年年剪就不想剪了，可顾客要求剪这些，也就成了每年固定的题材了。有时候市场也传递一定的信息，顾客会向你要求，要什么样的造型什么样的内容，比如说到端午节了，顾客就会来要端午鸡啦，黄老虎啦，她就想办法满足顾客的要求，剪出来还挺实用的。这里挂的作品多是特别细腻的，很少有极简单的，有时候一些学生为了应付学校的作业，来要些粗糙简单的作品就找不到，所以只好也适当放些简单粗糙的，但多数还是很精致的。

开店的这几年包头的市场也被我们带起来了，她影响我，我又影响了一片我的朋友同学，以前大家没有接触过，现在挂出来了，能够看到摸到了，就感觉到剪纸的美了。一到过年就招呼着"过来拿来"，把自己剪的送给朋友。还有她的老乡，过去会剪的，过来时看到就很亲切，指着这个说剪过，指着那个说剪过。

过去这个市场还有一家蔚县剪纸，没有干多长时间就不干了。一是他们都是进得别人的货，没有创新，压着货不好卖，不像咱们自己根据市场设计剪，成本低。还有就是刘静兰的名气大，有很多外地的顾客都大老远跑过来选她的作品。顾客都不一样，有搞收藏的，有的是收藏几件你的获奖作品挂到家里看的。有的就是每年都收藏你的新作品，这样它的升值空间就大了，这些人就提前打招呼，我要你前期的作品，或者是要你新的作品，人家收藏的是一个剪纸的历程。有那么几个固定的收藏者，一般他们收藏得都是邮票邮品剪纸啦，还有大的十二生肖剪纸。

过去大家见得剪纸也少，买下来都是往自己家里挂的。现在家里的需求饱和了就过来买了往外面带，送朋友，送师长。这个店能够到今天，关键是她能够根据客户的要求剪出好的作品，听顾客讲完就回去创作，拿回来的作品出人意料，很美。跟她时间久了就多少知道她的特点，这样客户来要特殊要求的剪纸的时候，我就知道哪些是她能剪的，哪些不是她的擅长。就是这样，每个人都有自己的特点。她一般擅长剪生肖剪纸，花草鸟类剪纸。这一类的作品不管怎么组合都非常顺手。她手里的动物都是有动感的，感觉她剪出来的动物的眼睛都在盯着你看似的，很生动。

刚开始的时候我也不知道剪纸中的意思，看一张剪纸就知道漂亮，除此之外就什么也不知道了，要我讲我可讲不出来。开这个店对于我来说也是一个提高，有时候她拿过来新作品了，顾客过来就要问了，这个作品是什么意思？我就得跟人家讲呀，后来我就知道了，她送过来我就看，不懂的地方就问她，她跟我说完了，我就可以跟顾客讲了。有些作品必须你得会推荐，你不推荐人家不懂其中的意思，看看也就过去了。你把其中的意思讲出来，这张剪纸就有味道了，什么福禄寿喜由哪几个动物代表了，四季花代表四季了，蝙蝠代表"福"，五福临门啦！一幅剪纸作品里就有这么多的吉祥寓意，大家听了一定觉得有意思。像那个全家福，你不跟他们讲，也没有什么意思，不就是几个动物嘛，讲出来那是一家人的属相，代表一家人和睦幸福，而且都是独特的组合，又讲讲她创作中的寓意和空间处理，就会有很多人愿意来定全家福剪纸了。

刘静兰的剪纸能够到今天，首先是她的勤奋努力，年轻的时候就很能干，当过民兵连长、妇联主任一些重要的职务。加上她从小就在农村，周围又有一个好的剪纸氛围。还有就是经常能够碰到很好的老师，像肖师傅就能给她很好的指点，肖师傅能写会画，开始的时候他们两个的合作给了静兰一个好的开端。有像肖师傅和刘静兰这样热爱艺术的人，当时工会的氛围很好。刘静兰人品好，大家都爱和她在一起处，她性格开朗，那时候在单位里我们在一起可红火了！她在工会给大家做了不少好事，她性格好，心细，人又大气，不斤斤计较，随便谁复印、剪、拿她的作品她都不计较，这样处着就很舒服。她这个人就是这样，上次在北京办展览，人家有一个人过来说是搞剪纸研究的，她也不认识就送给人家一本书，还签上名，另外还送给人家自己的剪纸。我说如果这样的人多的话，你的

> 我就看她剪，听她讲，也就知道这中间的那么多意思了。有空的时候也剪了送朋友。

从市就都送完了。一说她，她就说，"咳呀，这一辈子剪下来的剪纸都是送人的，小时候是送给亲戚朋友贴的，到厂子里也是送给人家结婚用的，现在剩下这半辈子了还有什么不能送的。"后来我想想也是，只有送出去才能收回来。

> 肖师傅（左）刘静兰（中）笔者（右）肖师傅也是我们的常客

## 第二节 女儿的想法

### 一 我的女儿

"她学校也会组织一些活动和比赛，我给她设计她剪，全国中小学美术比赛她的剪纸获得了三等奖。上高中以后，他父亲就不主张她剪纸，怕耽误学业，希望她考一个正式的学校，但最后她还是走上了这一条路，上了天津轻工学院环境艺术专业。"

**口述人：刘静兰（母）**
**时　间：2007年8月13日**
**地　点：北京市高碑店刘静兰工作室**

姬：宁宁会剪纸么？她是新一代的年轻人了，对于传统剪纸她是什么样的态度呢？

刘：我1982年生的宁宁，1983年调到包头。宁宁平时也剪，只是不象我那么喜欢，她学校也会组织一些活动和比赛，我给她设计她剪，全国中小学美术比赛她的剪纸获得了三等奖。上高中以后，他父亲就不主张她剪纸，怕耽误学业，希望她考一个正式的学校，但最后她还是走上了这一条路，上了天津轻工学院环境艺术专业。虽然没怎么剪，可和平时耳濡目染也会有关系，现在宁宁还是挺愿意剪的，用她的话叫

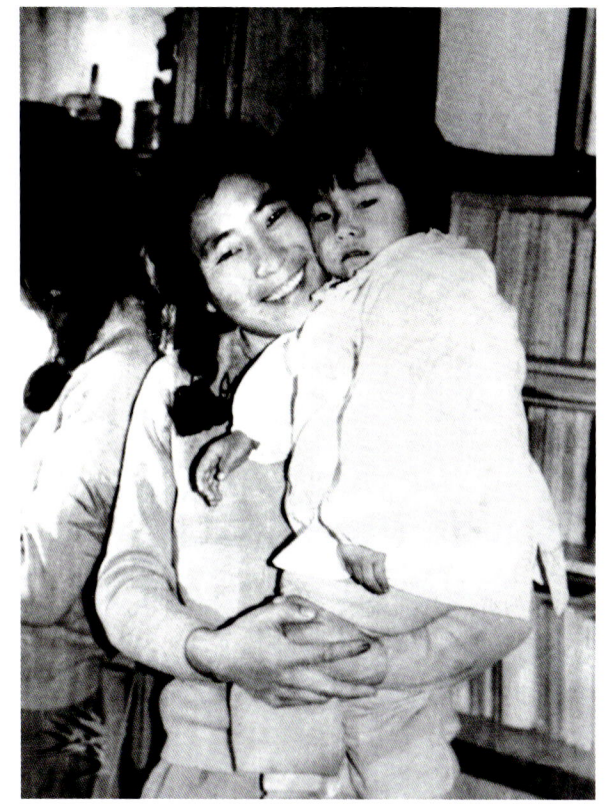

> 母女情浓浓

**剪出来的大师** 第五章 进入现代的剪纸

> 桃李满园 赵一凡 1995年5月 当时已经剪的很好了，没有刻意学过，就是看我妈剪，小学老师上手工课我就想起我会剪纸了。

"剪花娘"，从中一款我了她就积极地去剪，有时候还会剪到深夜。我们也不能说这样就是俗，最起码她去剪了，是按照传统的技法在剪，这样我们的传统技艺就还没有消失。

宁宁现在还处于技法逐渐成熟阶段，还不能创作，有时她的创意也挺好的。有一次她就设计了一个用很多叶子组成的图案，很漂亮，可是总也剪不出她想象的效果，反倒是她的创意我来剪就能剪出来。

≫ 在自然而然中学会了剪纸，刚开始不喜欢，后来上大学后就有时间剪了，也就慢慢喜欢了。

≫ 寿 26厘米×20厘米
这是宁宁设计的剪纸，她有创意，可是有时候剪不出效果，我就帮她剪

**剪出来的大师** 第五章 进入现代的剪纸

≫ 寿 38厘米×27厘米 宁宁设计的这个剪纸还是挺新颖的。

……幅的时候，我出来到北大的时候，宁宁已经能够自己设计剪纸了，她把剪纸图案用在了单位表演用的道具伞上。

## 二 女儿擅于把握市场

"现在已经四年了，大家对于剪纸已经不再陌生，剪纸已经成为生活中的一部分了，以前很多人都认为剪纸就是简单的窗花，玻璃上贴一下而已，可现在都把它当做一个礼品去送给好朋友了，这也是更高一个层次的认知了，这样一来，我觉得已经到了可以扩大的时机了，我们的剪纸包装和品牌就可以跟着上来了……"

≫ 道具伞上的剪纸装饰 赵一凡 2009 年创作

**口述人：赵一凡**
**时　间：2009 年 5 月 6 日中午**
**地　点：内蒙古包头市刘静兰家**

**姬**：你什么时候开始学习剪纸的，谈谈你这幅获奖作品的创作原因吧！

赵：第一幅获奖作品是 1995 年，也就是当时我十三岁，当时已经是能够剪得挺好的了，记得是我们开始上手工课的时候，老师就鼓励大家，问大家会什么，我一下就想到自己会剪纸，于是就开始剪了，其实那时候要说很喜欢，也谈不上。真正喜欢剪纸是到了大学，因为大学空闲时间多了一些，我妈给我一把剪子，我自己画上一些样子，回到学校就开始剪。

这幅作品是当时我们的老师说有一个这样的展览，要我们学美术的准备一下展览，当时正好刚从老家过完年回来，挺感慨的，过去用的都是煤油灯，那次回去老家通电了，有电视、电灯了，变化很大。爷爷奶奶可以坐到炕上看电视了，外面收信号的大锅我不会处理就剪了个天线的样子，就是这些，也没有想什么。

# 剪出来的大师  第五章 进入现代的剪纸

▷ 老家的变化很大，正好单位有一个比赛，就有感而发剪了这个题材，妈妈也给了我一些建议。

**姬：作为刘静兰的女儿，谈谈您对母亲的看法。**

赵：我很敬重我的妈妈，她是一个很有正义感的人，办事很公道。现在我也明事理了，有了判断是非的能力，就感觉妈妈做事情很公道。她和其他的父母不一样，对了就是对了，错了就是错了，并不因为我是她的孩子就有半点偏向。

我妈妈主意很正，她不会轻易被周围人的想法左右，总知道什么适合自己，她很清楚自己要什么，这一点我很佩服她。

妈妈现在有了些名气，店里的和外面接的活就会很多，除了创作设计，其他的什么都不用她操心，我不想她过多的操心我的事情，想让她腾出更多的时间来静静地创作出新的更好的作品。

对于妈妈今后的剪纸我觉得她现在做的很好了，她不断地创新不断地突破自己，根据顾客的要求去发挥自己的创意，全家福就是一个很好的例子，能够把一家的属相剪在一起，其实这就是一种转变，一种发展，在继承传统的基础上再创新再发展。原来我不理解，我觉得老样子味道浓，觉得妈妈根据顾客的要求来创新会改变原有的味道，对她这样创作不太能接受，后来看到妈妈新创作的作品特别漂亮，才明白是我的思想很狭隘，其实创新并不是就要摒弃旧的，而是在老样子基础上创作，不是无根据的乱改，所以现在也觉得，能够根据市场进行创新和发展还是对的。她的剪纸不仅仅只是机械的复制传统的老样子，而是有所创新有所发展，能够用到人们现在的生活中，也跟得上时代的变化，这样就很好。剪纸不能只是放在博物馆里，只是把它圈定在艺术品的定义上，只是复制老样子；在形式感上稍加创作参加展览，是会获得很多奖，但是它的实用性哪里去了呢？它的生命力哪里去了呢？对于老百姓来说，他们能够认知的还是面向市场的艺术，市场推广由我来做，让妈妈把更大的精力放在剪纸创作上来。人的精力毕竟是有限的。如果她把多一些的精力放在商业上就会少一些精力放在创作上，创作设计的少了或是过于商业化，丢了老祖宗留下来的味道，那么就有一些得不偿失了。

这里我说到的传统味儿是造型和剪纸手法，我妈妈剪纸的形式也许是现代的，但是她总的造型，还有每一部分的剪纸手法却是传统的，这样一来万变不离其宗，形式可以变，但是风格不会变，还是乌兰察布地区的剪纸传统——传统的元素传统的风格。从地域上来说，我觉得各地的剪纸都有它的传统特色，像我妈妈的剪纸虚实结合非常好，毛毛剪得特别细。而山西陕西那边的剪纸就不同了，她们一个剪纸就是一个故事，风格有点粗犷。所以我觉得看一个剪纸不能拿一个固定的标准来衡量。

**姬：我们这一代是文化缺失的一代，讲一下你对于传统剪纸的认识和学习从何而来？**

赵：我对传统剪纸的认识主要还是从我妈妈这里得到的，我把她的样子复制下来剪，复制的越多，剪的越多，脑子里的图样就越多了。没有很严谨的学习过程，自己觉得那个样子能够剪得了，就把那个样子描下来剪，自己感觉我能剪到什么程度就剪什么难度的图样，剪纸有的复杂一些，有的简单一些。如果有哪些地方剪不好的就问我妈，就这样慢慢摸索着剪的。

≫ 对传统的了解都是来自于我妈妈。

**姬**：可以说对于我们，传统文化在我们的教育中缺席了，那么你认为传统文化对于我们意味着什么？你现在从事的是幼儿教育工作，那么你认为民间美术在下一代的教育问题应该怎么解决？

**赵**：我觉得应该是一种文化的延续，像我们学美术设计的时候，会学到一些适合纹样，其实就可以借用民间的一些纹样，现在的一些年轻人还没有认识到这些东西好，对于我个人来说我是喜欢的，可能是受到妈妈的熏陶吧。现在也有很多人觉得它美，把它挂在家里是一种装饰，这就是一个契机，说明大家并不拒绝传统，而是看要以什么样的方式让大家接受了。

现在喜欢民间美术想来学的孩子只是占很小一部分，从教育的角度，从扩大宣传面的角度来说，首先要让大家知道什么叫做民间美术，民间美术是什么样的，让更多孩子先来认识它，只有认识了，知道它的意义了，慢慢的才可能去喜欢，喜欢了才可能去剪。你不能说它什么也不知道呢，就笼统地让小孩去学，这是不太可能的，其实还是一个普及的过程，先认识，认识了才会有兴趣，之后才会去学，这样才能很好的传承。现在像我这么大年龄的年轻人都认识不到这些，这很可惜。上次我把中国木偶剧团引进包头演出，其实这也是一个民间艺术在大众中的普及。

**姬**：谈一下具体情况吧！

**赵**：我不管做什么就是想做别人没有做过的事情，不能随波逐流。这件事情是这样的，也是想让包头的孩子也感受一下，因为这边的很多家长见的还是比较少，出去的机会少，很多民间艺术的演出和展览也很少能够看到。我可能是因为在外地上学，看到的相对多一些，等回来家后就觉得包头的孩子跟更大城市的孩子比起来缺失的实在是太多了，其实他们也是非常渴望能看到这些，只是没有一个窗口可以满足他们的求知欲而已，我这样做可能也是一个引导的途径。

2007年春节的时候我们开始策划这件事情，之前我们也谈过这件事情，但是一直没有引入正题，春节的时候才坐下来认真谈了这件事，我们先是在我们单位内部做了一个小范围的市场调查，争取部分老师的建议，还找学生家长征求了一下意见，然后就决定开始做。四月份和木偶剧团签订了协议，六月份就演了。我们的演出还得到了市委宣传部、市精神文明办、市科协、市妇联、还有市文化局、市教育局等与少儿教育有关机关的支持，那一年正好是内蒙古自治区60年大庆，也算是作为一个献礼节目推出的。

这可能对非遗这块比较关注，品牌意识比较浓一些，所以我在选择剧团上选的是国家级的木偶剧团——中国木偶剧团，我选择的场地也是包头演出条件最好的神华剧场，神华剧场第一次接这样纯商业性的演出，他们之前都是和政府合作的会议和晚会之类。剧目当时有《睡美人》、《青蛙王子》、《木偶奇遇记》、《胡桃夹子》等，当时我想选《胡桃夹子》，但是当时演出时间是六月十七号，考虑到刚刚过了"六一"，我们面对的对象是幼儿，《胡桃夹子》听说过的孩子可能少些，所以最后还是选了一个无论是幼儿园的孩子还是大点的孩子都知道的《木偶奇遇记》。为了保证第一次运作能够万无一失，我们就选了这个大家都能接受的剧目。我们之前所做的这一切，包括宣传、票价划分、节目、剧团选择、场地选择。这些都是为了能够做一个长远的打算，为以后的市场做一个很好的铺垫。

　　这次演出超出我的预料，我以为包头能够接受这种演出和价位的家长没有那么多，其实超出了我的想象，我以为最好位置的票卖的最坏没想到却是卖得最快的，宣传的过程中我们考虑到有好多孩子，由于身体因素及家庭经济情况不是很好的原因不能观看演出，但是他们同其他孩子享有同样的权利，所以我们还赠票给福利院的孩子和农民工子弟，让他们一同感受艺术的魅力。

　　从这次木偶剧演出我想可以衍生出很多想法，我觉得经历过风险，尝试过后眼界也就更开阔了，想法就越多了。

　　说了这么多题外话我想表达的是，不管是木偶剧还是剪纸，同为艺术，他们有很多相同的地方。我们也是在努力打造自己的品牌，不随便接设计，另一个方面也是为了保持自己的剪纸创作风格，想把剪纸提高到艺术的高层次上来。在卖剪纸的时候，有的顾客嫌贵，买的时候问能便宜么，我基本上不降价，因为我知道艺术品应有的价值，我相信通过我对作品的介绍，愿意买我们作品的顾客都会满意的，他们也会觉得物有所值。我对剪纸的销售也有了一些想法，他们同属于艺术产物，都是和经济挂钩的。这就是国家文化部提到的非物质文化产业化，人们在精神层面虽然有需求，都很喜欢，但是一旦到拿钱购买，就又是一回事了，所以说文化层次和经济基础两个都成熟了才行。

**姬：谈谈你对传统剪纸今后的市场有什么看法。**

　　赵：从观察包头这个剪纸市场，我觉得自从我们家开了剪纸店，对于传统剪纸的普及起到一些作用，之前在包头很少看到有过年贴窗花的，至少我们附近的几个小区没有看到很多，后来慢慢多了起来，因为有了单独卖剪纸的店，顾客看到后可能就会想这也是种文化，过年过节或者婚庆时应该买来贴更加喜庆。后来这几年除了我们家的，在早市和小商品批发市场一到过年很多家都卖剪纸，卖得很好。这几年国家提倡保护非物质文化遗产，对于民间艺术的普及起到了很大的作用。太好了。现在包头很多人的观念里是只要过年或家里有喜事就要贴窗花，即使他们不来买我们家的剪纸，我也高兴，至少大家有了这种意识就很好。

　　对于我们家小店今后的市场，我是主张不要强求，你看我们刚开始去花苑开剪纸店也是因为父亲去世，我妈没办法在家里呆下去了，我们才去的，也没有其他的想法。我用三个月的工资交摊位费为了是让我妈高兴。后来慢慢地觉得市场挺好的，没想到剪纸还能卖钱，那时候也没有急于想着去做宣传搞推销，就觉得大家的认知面应该慢慢扩大，而且我们的品质放在那呢，现在已经四年了，大家对于剪纸已经不再陌生，剪纸已经成为生活中的一部分了，以前很多人都认为剪纸就是简单的窗花，玻璃上贴一下而以，可现在都把它当做一个礼品去送给好朋友了，这也是更高一个层次的认知了，这样一来，我觉得已经到了可以扩大的时机了，我们的剪纸包装就可以跟着上来了，我们可以有自己的标识、包装，设计我们的包装盒包装袋，成系列的。我现在是虽然有想法，但是经济和人手都不够，我还想我妈慢慢地多带一些徒弟，办自己的学校，然后有可能的话，建传习所建艺术馆，把剪纸再往上提一个档次，扩大影响面。现在呢，只是一个手工作坊，不成规模，大家只认我妈妈剪的，如果将来扩大成品牌的话，设计是我们的，虽然剪不是我妈妈剪的，但是知识产权是我们的。

我有点假清高，不像别人那样能够主动到领导机关那里去推销，很多人也建议我把我妈妈的这些作品做成一个系列到各个行政、事业单位、大公司那里跑一跑，让他们认识到剪纸也可以作为礼品，但我总觉得这样做本身就是看轻自己，别人不说自己也觉得自己档次降低了很多。所以就被动地等待时机，这是一个长期的过程，我相信也会是一个更大、更长期的受益。

长远的我还想和一些大的品牌公司联系，他们每年都会印一些挂历、春联之类的礼品。因为有一年我们这里的商场给客户赠送的春联，其中就用了我妈妈的"腊梅猪"造型，我心想人家都会用我们的作品，还是说明喜欢并认可,那么我们自己为什么不用它去做一下自己的品牌宣传呢！现在的剪纸不应该只是局限在过去的那种功用上了，很多产品都开始运用民间元素来设计，我将来也有意向和服装品牌等能用得上民间元素的生活类用品公司合作来把剪纸纹样用到现代人的衣食住行的物品设计上,这样一来剪纸的路就会越走越宽了。如果想让更多人来接受它，就应该使它能够渗入到生活的方方面面。

就算是和大公司合作也还是要有足够的说服力，只是一个空架子去谈也是不行的，我们要等到我们的剪纸品牌有足够的影响力以后再去谈，现在妈妈已经是中国工艺美术大师了，后面再评上传承人，等各方面成熟之后才能和人家去谈合作。

我现在在网上开了一家店，小打小闹，就是把我妈妈的作品、获奖证书放在网上，作品上附上妈妈的标识，一是防盗，二是证明这是妈妈的作品，每幅作品下都做一个简单的简介，这是一种试探，也许还会成为一种好的商机呢！现在多数放上去的都是我妈妈第一本书上的作品，新作品没有放，也是为了防止盗版。

（谈到这里坐在旁边的刘静兰忍不住也说出自己的观点）

刘：在这方面我也有自己的想法，你看我们的那个小框子就可以设计一些花纸，卖得时候用花纸一包，既好看又让人知道是刘静兰的剪纸。不要太浪费，简简单单大大方方就可以。很多册子做的盒子厚厚的放在书架上又占地方又沉，很不方便。

我们现在的财力还不行，很多人都建议我雇一个经理给策划，我觉得现在还不是时候，如果有一个经理我大概比经理还要紧，生怕经理紧着，等我有一定的财力了，就大大方方地先给了经理工资，再让人家策划。

**姬**：将来你会从事剪纸创作么？

**赵**：其实要说现在让我继承妈妈的手艺，有些不可能，可能还年轻吧，觉得自己还沉不下来，也许等到年龄大一些会转变想法，现在还说不清。我现在可以做市场这一方面的事情，妈妈认真做她的创作就行了，但是对传统的学习不能落后，妈妈总是说艺术是不变的永久的，市场是变化的，所以还是要好好学。

## 本章小结

　　当剪纸这种农耕民族的文化产物脱离乡村民俗传统之后,便成为一种传统符号存在下去,人们认识它,接受它,学习它,重新在家里贴上剪纸,作为现代家装的一种文化符号,成为文化品位的一个标志,民间艺术以新的形式在人们的生活中存活下来。

　　当代年轻人的思维理性而活跃,他们更加注重实践,更加注重市场,现代社会众多的传播手段也为民间美术的推广提供了便利的条件。当年轻人了解了传统,并爱上传统时,传统剪纸必将以更有生命力的状态在人们的生活中出现,当人们重新被寓意着美好愿望的民间艺术环绕时,新的传统出现。

## 附录 靳之林访谈

**采访地点：靳之林寓所**
**口 述 人：靳之林（简称靳）**
**采 访 人：姬雁姿（简称姬）**

**姬：靳老师，您对现在评选的剪纸大师有什么看法？**

靳：现代的大师是被重新塑造的一批人，他们不是完全传统的，他们生于传统，剪纸风格却形成于城市，这批人有他们的特殊性，所以研究这样具有承上启下作用的剪纸艺人是很有价值的。但是，我们换一个角度看，如果想要挖掘传统，那就是另外一个问题了。对于剪纸大师的评价系统我并不认可，因为剪纸是个很特殊的民间艺术门类，只是找一两个人作为代表，那就有失偏颇了，比如说中央美院要搞一个全国剪纸分布图，这个方案我并不赞同，为什么呢？是妇女都会剪纸，原来是这样的，因为她拿剪刀，现在可以这样说是拿剪刀的妇女都会剪纸，中国人拿剪刀的妇女比如说是两亿，那么搞剪纸工作的就是两亿，你搞的那个图上的是你工作到那里的，你工作没有到的地方，就不等于没有剪纸。打个比方：是拿笔的人都会写字，那么会拿剪刀的就都会剪纸，她要剪东西呀，她用剪刀剪布就是刺绣了，用剪刀剪纸那就是剪纸了，剪面就是面花啦，所以说剪纸属于妇女，而且这么几千年来，自农业社会以来基本上都是这样的了。现在的年轻人放下剪刀，因为她们不做衣服了，她们上商场里买衣服，而且要买名牌，所以剪纸就面临失传。那么剩下的一部分，就叫艺人，这些到城市里来，或约请到城市里来的，现在来说还不能称为艺人，至少近阶段来说还不能这样叫，因为他们不能完全以此为生。过去我有一个错误的概念，我称他们为艺人，在八零年的时候江峰同志否定了这个词，他说艺人是以民间美术为生的，剪纸的只能叫做劳动妇女，因为她是从事农业劳动的。那是二十年前的事情，现在可能会有，但也是少数。现在带有普遍性的情况是，艺人被专家看中，或者和专家联系的多，和中国艺术研究院联系的多，和中国美术馆联系的多了，和中央美院联系的多了，民间文艺协会，谁有这种权利和机遇可以报给国家就成了国家级别的大师，进一步报到联合国，那就是联合国命名的大师了，这并不能说明他的剪纸是具有你所要求的标准，一定是传统过来的，一定是全国最好的。这是一个时期内涌现出来的，没有涌现出来的是大批的。

我的考察方法一定不是在北京的，一定是要下去农村调查的。哪怕是在一个村里，只要有剪刀的也还是有人能剪，中断是一种现象，但是这个人才还在。所以考察了解是一定不能离开社会生活和民俗生活，离开了民俗生活的剪纸那就是民间艺人了，是以这个为生的。不是以这个为生的，他总还是和生活相联系的，剪个窗花了，做衣服了，这些表面上来看是没有了，其实人还在。这些人呢大多数都在七十岁以上的。七十岁以下的特别是五十岁以下的，都是建国后接受义务教育生长起来的，有文化的人，一定是上了美术课的，自然教的不是民间美术。齐白石画虾米，西洋画画素描，老师教的都是这样一类教科书模式，她就没办法回避上层文化，培养的就是学习型人才。原来传统的东西在她这里是学习型的，再往下的下一代就有更多学习型的，但她的上一代就不一样了。像七十岁以上的老年的妇女还多着呢，她们就有自己的传承，而且都在农村。不会经常出国的，经常出国这种艺人可能在不同程度上都有变化。我原来在山西中阳县搞了一个点，而且在那里开了剪纸会，那时候有这么一批人是我推出来的。今年春节我又去了，但已经是变味儿了，为什么会这样呢？你看人一旦出名了就四川也请，出国也请，北京也请，这样一请，见了世面就完了，就变成学习型的了，见了好多东西，他就往里面融呀！他看人家的东西能出国，他得学人家，不学人家怎么能够出国？人家在北京卖的好，郑蝴蝶原来是包头的现在来北京发展，她肯定要考虑北京的市场谁卖的好，她就必然是学习型的。而老年作者就不一样，她有他自己比较顽固的观念，说美学观也好，让她学习很难，她是开创者，全家走的都是走她的路术，当然各有不同的开创，那就不一样了。

**姬：是的，刘静兰老师这一代人处于一种非常特殊的时代，她有着不同于上代人的教育背景，又不是完全脱离民间的现代剪纸艺人，谈谈刘静兰的剪纸吧！**

靳：如果说刘静兰，我就谈一下她这个年龄阶段的作者。

刘静兰原来是在张家口或者在山西一带，小时候继承的是河北省北部或者是山西北部的传统，（河北省北部和山西北部差不多），后来到了包头，在固阳，开始的时候还是河北省北部或者是山西北部的，所以在内蒙要找到真正草原文化的剪纸基本上是不可能的，因为内蒙的移民是农业区的，农业区的移民大多是晋北的、河北北部特别是山西北部带过去的是农耕文化的剪纸。草原文化的剪纸不像现在的剪纸概念，他们剪树皮啦剪皮毛呀，也是有的，像鄂伦春的就是这样一种传统。所以刘静兰作为内蒙古少数民族剪纸的代表是不行的，她的剪纸是山西河北的再加上自己的创新。她是学习型的，她的特点更多的是和她的人联系在一起的，她这个人很静，很有内秀，内心很美，不张扬不狂妄，这么一种很静的性格，她要沉下心来，她剪出的东西非常美，她的美表现在她剪的那一条一条长长的毛毛上，用刀之间感觉出她的美来，很纯净，很细腻很优美，不浮躁很难学。要学她的东西首先要学人，你要静下心来，毛毛糙糙的想拿这个赶紧出点活，剪一张是一张的钱，剪两张是两张的钱，这种心态就不行了，就学不来刘静兰。她剪纸的造型也很美，组织也很美，那是她个人的艺术财富，个人的个性，基本上是这样的。她用的样子基本是常见的，没有什么特别的，很难有一个地方特色的古老的文化传统，更多的都是大一统后的世俗化的造型，什么喜鹊上梅啦，凤凰戏牡丹啦，这些谁都会剪，但是你却剪不出她的风格来，更多的是她的个人气质。刘静兰这个年龄阶段是学习型的，再过后那个年龄阶段的，学习就不是学这个了，改学卡通了，学得是动画类的了，一看他那个兔就是动画类的了。这是这个年龄阶段的特点，如果放在历史上来看的话，她也有她的价值，她是她那个时代的特征。

**姬：是的，每个时代的剪纸创作都有自己独特的文化特征在里面。可以说您从八十年代就开始投身剪纸研究，剪纸考察由点及面地展开，由此形成了自己的民间美术美学体系。经历了这么多现在您有什么体会呢？**

靳：现在我更关注的是现在农村还有哪些人存在，存在的条件是什么，他们的状态是什么，他们的文化哪些还是原来的，哪些有了变化，他们的根据是不同的，我更关注的是这些。因为剪纸不像皮影，皮影艺人纯粹是民间艺人，那叫民间艺人，他不是农村妇女，全国能够数的上来的皮影艺人现在有二百多个皮影队，这二百多个在哪里，都是明的，总共的皮影从业人员有一千到两千个人，但是剪纸不同。据不完全统计全国凭我估计要有两亿人会剪纸。前些年我搞了个普查，这个普查在延安市延川市，延川市人口总共有8万人口，除去小孩和不会剪的，会剪的有6万人，这六万人里面现在会剪纸的妇女是一万两千人，有档案一万两千份档案放在那里，都有她的剪纸作品。这一个县如果有一万个人会剪纸的话，延安有十三个县，那整个延安市就有十三万人会剪纸，全国多少个县？如果像上海周边农村这样由于现代经济的发展，已经不再普遍存在剪纸的话，中国大多数地方还没有上海那么发达呀。没有普查之前我知道的延川会剪纸的有五六个人，包括高凤莲。普查之后一看是一万人，这一万人都做了档案，我从中间抽出五千能剪的，又从中间选出二百个剪纸能手，二百个人里面我再抽出来四十人，我认为就是未来的大师，这个班儿我没办，班一办就是四十个大师就出来了。安塞就是这样的，二十年前我在安塞做普查，五万人口，两万五千妇女，能够剪纸的有两万，两万里面剪纸能手五千，剪纸艺术家二百五十，剪纸大师四十个，我把这四十个人拿来办班，办了好几期班。我们在中国美术馆做了个展览，全国轰动，再拿到法国办了个展览，世界轰动，安塞剪纸逐渐出来了，现在安塞的这些大师们先后去世，没剩下几个人了。

今天在这个特定的时候我又拿延川做了个例子，看来比例也许没有那么大，一个县里能够有一万多人数也不少，但是我们的问题是我为什么没有办这个大师班？我如果办的话也许有许多个高凤莲就出来了。但是现在我没法办，一办就是这些大师纷纷办展览，纷纷出国，你知道这样发展的后果是什么。也就是开发一个大师等于毁了一个，情况就是这样尴尬，我发现了她们，但又不能公之于众，她们去世了或者我去世了，就成了永远的秘密，因为县里内行的也不多，在延川，我和我的学生不管了，这也就成了糊涂账了，四十万的普查费就白花了，普查了那么长时间，那真是县不漏乡，乡不漏村，村不漏户，户不漏人，普查力度很大。四十个人，分了八组，普查了一年的时间。用的方式还是安塞普查时的模式，普查安塞时

241

## 剪出来的大师　附录 靳之林访谈

我们是走着普查的，这次不同了，是开汽车去的，档案是拍出来的照片，作品、人、剪纸过程都拍下来了，拿过来一贴，档案就出来了。那么一摞一摞的档案，我慢慢地看了有半个月的时间，名单就出来了。但是办班就麻烦了，在下面，这个说不好那个说好的局面难以控制，就考虑是不是应该拿到北京来办，来到这里不让人进去，剪上一个月时间，基本面貌都出来的时候就不好受到影响了。在下面不好办，这里刚刚一动，就来了个县文化馆的，或者上面的专家。这个专家最害人，专家一来，说这个好那个不好，这么一指点就全完了，我最怕的是专家。

本来我为了支持内蒙古的剪纸，做了一个考察，和林格尔是我接触到的全国唯一的一个处女地，他们那里的妇女有二十多人，和我当初在安塞见到的没有见过市面的妇女完全一样，没有受到任何外来文化的影响。我的目的是保护这片唯一的处女地，希望呼吁大家能够开发自己本地的文化，但是适得其反，国际会议来了，各方面的专家都去了，来这里一看就麻烦了，我想现在那里就会出现变化了，听说还要评什么奖，这就完了。我去看了，评的那个奖都是旅游产品级别的奖。这些评奖机制都是有固定的框框的，这样的剪纸就是一等奖，就算标兵。怎么能这样搞呢？让我去表态让我去参加评判，我不去，我不参与。现在这方面找我的人很多，包括电视台，一律拒绝。现在我感觉参与一个就是走向反面。

现在下面的县里面经常搞什么评奖，还要请我去当评委，下面还有八位评委，都是干部。山西是这样，陕北也是这样，就拿安塞做个例子吧，他们来请我当评委，当时我给他们说，让我去可以，但是你们必须答应我一个条件：评委的主要人员是妇女。人家都剪了这么多年了，人家都不能当评委，都不知道剪纸的好坏。我们在她们面前指手画脚算什么。如果是二十年前也许可以，当时她们没有地位。但是现在她们都成了专家了，命运还要由那些干部做主，这是不行的。

**姬：是的，这些问题的确让人头疼，把体制内的方法用在艺术上实在是个大错。那您有哪些解决方案呢？**

靳：要解决这个问题的方法，现在看来就很清楚了。那就是普查，不普查你根本就不知道，光是下乡走走问问是不行的。普查首先要培训普查人员，并不是像冯骥才主席一样振臂一呼要普查！开玩笑，谁去普查？全国的专家有多少人会普查？总共超不出一百人来，而且中间有九十个人还是下面文化馆的，现在放眼北京有几个会普查的。这是要实践过的，需要有明确的思路，第一个必须懂考古，如果不懂考古，什么是原生态文化他不懂，这是不行的。什么是原生态文化？至少是从原始社会就有的，但是原始社会的文化情况你一点不懂，又怎么会懂原生态文化呢？第二个就是原生态文化是按照时间顺序这样流传下来的，考古层不同，每个时期有不同的文化，每个时代有什么东西，这些要铭记心中，这样就会对这个传承有一个清晰的认识。比如"莲生贵子"，这个"贵子"一定就是后来的，原来这个原生态是"莲里生子"，它就没有"贵子"，那么"莲"呢也晚了，"莲花"是佛教文化传来以后才有的，有的剪纸里连"莲"都没有，就只有那个"子"，那个"子"就是抓髻娃娃了，像"贵子"是到了北京天津才有这个说法。还有那个"大有鱼（余）力"就早了，一个娃娃抱了个大鱼那是原生态的，但是这个"鱼"字和钱结合起来那就是后来的事情了。就像"生命树"本来是原生态的，但是变成"摇钱树"那就是后来的了。这样一来对于这些都有一个清晰的认识，它的剪纸随着时代特征的发展，一直到现在就会很明白了。这就是原生态文化不能脱离民间，而民间又有它的时代发展特征。第三是要了解整个中国社会，不像有些领导只是在上面呆着，不下去看，不去看展览，只是把一些书上的知识搬下来分析来分析去的。因为这个离不开整个文化发展背景。不懂人类文化学搞这个不行，不懂考古学搞这个不行，不懂社会学也不行，你不参与具体的社会实践，光在上头也不行。只有这几方面都有清晰的认识，这样的专家才能搞好普查。

原生态文化在时间和地域上都有不同，西部和东部不一样；同样的地区时间上不同也不同，两千年前有的东西，可能是两千年后就没有了。一千年前不一样，一千年前商业资本主义发展，尤其是河南和山西，从河南开封到晋南地区是中国资本主义文化的发源地。从宋朝开始商业资本主义的萌芽开始出现，它有它的东西出现，派生出来精雕细刻的刻纸，刀子上来了，陕北它没有，你找刀子它都没有，一刀下来刻四十张。当时在陕北没有卖剪纸的，剪下来都是自己贴的。我所说的这些都应该包含在专家所要具有的知识储备里，只有这样你才能指导别人，这样你心里才有数，知道那些是什么样的。

当然下去搞普查也还是有要求的：第一个首先要保证每一个妇女都要查到，都要让她们拿起剪刀来剪剪看看；第二就是不加任何引导，不带个人任何主观意识地拿过来，这样的话，你首先对她的原始情况能够有一个客观的认识，你就可以看到六十岁以上的，七十岁以上的，八十岁以上的，各个年龄阶段的风格特点完全不同，从八十到十岁，每个年龄阶段都完全不同。在同一个年龄阶段又要看到不同，这一个年代出生的人，她们的不同，从中选出独特的剪纸，这个独特就是必须有几千年来的文化传统。

如果在河南我要搞普查的话就是在灵宝，我大致摸了一下底，他没有多大的变化，灵宝在河南并没有那么的出名，但是从那儿一直到卢氏这个方向走，往深山里走，那里我走过，距离现在有十年的时间了，连烧水的东西都是原始社会用的那种三条腿的器物"鬶"。那里贫穷闭塞，但是原生态的文化却在这种毫无干扰的情况下被完整保存下来了。我去的时候看到是这样的情况，那些男的白天都不在家，都上山去打荆条去了，编筐子什么的。我看她们的剪纸，扫天婆啦，抓髻娃娃啦，都是具有地域特点的。如果你到郑州就不行了，彻底商业化了。到开封就不一样了，原生态的风筝太多了，我觉得开封是全国风筝发展高峰期的所在地，我在开封找到的几个老人都是偶然的。有一个考我的研究生的学生，有一次到他的家，他的爷爷就是开封人，他告诉我最早的风筝样式，我一看，那真是真正原生态的东西。后来我到西班牙还有韩国，看了他们那里的风筝，看来最原始的风筝要数开封的了，潍坊的就是发展之后的了。河南保存的这方面的比较多，可是想看到真正的好东西，想做好考察，现在这种情况下很难。像木版年画，我到开封去考察，一到那里就被开封文联包围，说其他地方已经没有了，只有这里有。我去了朱仙镇，那里人也是说只

243

有他们那里有，当时正好下大雨，我告诉他们我哪里也不去了，其实我是想偷偷雇车，甩开他们偷偷下去，这一下去就发现了有五六家木版年画，都是一百年前的，清末的版子都放在那里，现在还在做，还在印。我一看这个，真是太好，中国可能没有了，用的工具也是传统的。这个想来现在也没有了，因为这也是十几年前的事情了。

  文化大革命是文化的"革命"，是一种人为的政治手段把你销毁。而现在却是"大革文化命"，这是从根上来到一次风暴。过去我一看传统文化快要断了，我就在安塞办几期学习班就恢复过来了，现在你说怎么办，连剪刀都没有了，你说怎么办？这是生产力和生产关系的变化。现在我们搞研究的有两种目的：一种是从社会学的角度从人类文化学的角度来考察这个特定时期的一种文化现象是什么样的；还有就是想搞清楚中国文化本源问题。现在我正在筹划在灵宝做一个普查，了解一下现在河南剪纸方面的基本情况。河南剪纸什么特点，桐柏剪纸什么特点，谁也说不上来，为什么，因为谁也没有做过详细的普查。剪纸是个群体性的文化，不能让一个人代表一个地区的文化，这是不对的。

  原先我在延安文化馆工作，想想我如果在民间文艺家协会可能就不会搞剪纸普查和研究了。在文化大革命之后，我看到了这个文化的断裂，没有人给我任务，我是带着一份对于中华民族的责任感，当时国家也没有重视，没有自上而下的政策压力，我做普查工作是作为一个个人出现的。我在中国美术馆办的那次展览是剪纸展览中第一次出现作者名字的展览，无论是展览还是出版物都是第一次。你看解放前出的《延安剪纸》，解放以后的《民间剪纸》就都没有剪纸作者的。从那以后我办得每一次展览都有作者的名字，还介绍每个作者的艺术特点以及每个剪纸的民俗文化内涵，这都需要下去做普查，否则你只是在上面收集，是不会知道剪纸的作者和她的艺术特点的，甚至连每个剪纸的民俗特点也未必知道。张道一就出现了这样一个问题，当时我出了一本《延安剪纸》，中间有一个黄陵的剪纸，是只羊鹿，就是一种既像羊又像鹿的动物，不是黄羊就是鹿，是当地的一种动物。张道一给汉生杂志社写的一篇剪纸文章里就写到这张延安剪纸是一张清朝剪纸，为什么他会说错，因为他没有下去，就不了解当地的文化生态，他只是凭感觉觉得这张剪纸造型古老。其实这张剪纸的作者只有十八岁，她的剪纸的原件还在我这里，她的名字叫张连芳，是我在安塞挖掘出来的。当时我在地方文化馆就有这样的便利，能够直接下去普查，如果我在上面就未必能够做好了。现在我想可能地方文化馆也不行了，文化使命感消失了，剩下只有利益的争夺。

**姬**：您对于普查之后有没有一个长远的计划？普查之后应该怎么做？

  **靳**：普查之后我原来有一个长远的想法，像我在安塞时候一样，普查之后我办班，办班是我来办，任何人都不能办，我来办的原因是在于参与的人少，只有我和我的助手。就像我在安塞办班一样，除了我和我的助手之外，县长和县领导都不准进入培训班，他们一进来，一看，你看这个不错呀！大家就都过来，于是这个就成为了榜样，培训班就名存实亡了。专家来也是一样的，什么美感啦，造型啦，一通地讲，就坏事了。这样的事情我遇到过，专家来到第二天就有人提出要回家，问她为什么，她说咱剪得不好，人家剪得好，咱不行，回去了。我说是谁说的，说是某某专家说的，你看这怎么办？后来我说任何专家不准进入。如果想进就必须等到两个月之后，我主张她们剪自己的生活，今天的民俗生活，都是可以的。我更加关心的是用她们的那种理念来表现今天的民俗生活会是什么样子？我绝对不跟她们说哪个好哪个坏，只是鼓励她们，这样的话她们就很有信心的剪下去，自己的风格就出来了。为什么办班呢，因为在家里是不行的。家里的家务缠身这是一点，另外就是一个人闷头剪也不行。比如白凤莲剪了一个拉手娃娃，我说还有这个呀！另一个人说了，这个谁不会呀！于是拿起剪刀又出一个，说这是扫天婆，一会儿间就热闹起来了，这儿剪了个喜娃娃，那里又剪了个招魂娃娃，一个送鬼娃娃又出现了，这一下子就多了，好家伙一大堆就都出现了。我就赶快记下语录，这个语录一出现就是一篇大论文《中国民间艺术造型体系》，这个是轰动当时的。说实在的我的学问不是从哪个老师那里学来的，我没有老师，而是从老奶奶那里学来的，向她们提问题，我是学生，我是向她们学习的。

当时中央美院要成立民间美术系，需要有教程呀，这个教程就不能只是一些笼统的东西，什么"淳朴"啦"粗犷"啦，这是不行的，必须有文化内涵必须有哲学基础。这个语录就是教程。但是为了这个教程我整整苦恼了五年，当时只是看到了一些零散的现象，但是却没有看到民间美术有一个完整的体系。这个体系既不是中国画又不是西洋画，而是中国民间的另一个体系，这套体系我没有接触过。那么任何文化它都有一个自己的哲学体系，你比如儒家道家，它都有自己的体系，中国画中道家的意境啦，儒家的诗言志都在里面，但是现在我看到的这些是什么呢？就像刚才我说的"莲生贵子"原来它不这样叫呀，我就问老奶奶了，这叫什么，她告诉我这叫"莲里生娃"，它没有"贵子"。这个我就很奇怪了，这些东西都没有，我过去都没有接触过，那么它有个哲学基础，到底它的哲学基础是什么？我往儒家上对照，儒家没有"贵子"的说法。这样一来看民间艺术的文化意识，那就应该是两个线：一是生存，二是繁衍。有福得子，有寿长寿，但是它没有禄，就是没有当官的。因为当官的不是民间的，不是原生态的，原生态没有官。我观察所有的剪纸都没有出来这两个线路，生存和繁衍。第一个他要生存，生存就只能靠繁衍使他的生命延续，繁衍主要用在结婚啦，生孩子啦方面，生存大部分都是用在祝寿呀死人啦，这些对于永生的期盼上。但是它的哲学基础是什么？那时候我就来了北京，到社科院一待就是几个月，当时真是搞经典著作的，翻阅了儒家道家经典著作，包括希腊哲学我也去看，但是都对不上，和《道德经》有一部分对得上，但是大多数都对不上。只有一个差不多，就是《易经》，《易经》是儒家经典，但是儒家经典中的"男尊女卑"在民间剪纸中确实没有的，它是阴阳合一的。这样一来，这个体系就和任何中国古典哲学都重合不了了，索性我就什么也不管了。最后另起体系：即阴阳相合化生万物，万物生生不息，那阴阳鱼不光是相合而且是旋转的。这个和老子道家有相似之处但是涉及的方面不一样，和《易经》的《系词》是一样的，但是和《卦象》不一样。

无论是儒家，道家还是《易经》都有它的哲学基础，民间艺术的哲学基础我是从考古中得来的。这些就是原来六千年前五千年前留存下来的文化符号所体现的本源哲学，而这种本源哲学是在民间几千年传承下来的，变成儒家经典就成为上层文化了。这是一种本原文化，搞清楚这个之后我就有一个野心想把它搞到世界范围的民间美术研究上来，看看在其他民族是不是也适用，和中国的观念是不是相同，于是我接着就出国了。全国我搞完了，先是黄河流域，我带着学生下去考察，后来我自己搞长江流域，之后又是西辽河流域。长江流域从河姆渡文化一直到四川，黄河流域从仰韶文化往东到大汶口文化往西到马家窑文化，辽河流域到内蒙，和当地的考古专家现场挖掘。把全国走了一遍之后，就感觉虽然有地区差别但是从其本源内涵来看，都是一样的。我为什么要搞这样一个全国性的研究呢，主要是因为我把陕北那个拿出来，在美术杂志发表一篇文章之后，就很快有人提出这是地域性的文化不是普遍性的文化现象。接着我出国先把四大文明古国考察了一遍，到印度研究印度文化，到伊拉克看两河流域文化，当时伊拉克打仗呢，我从土耳其上来，到两河流域的上游，接着到埃及尼罗河流域，之后又到了美国，寻找玛雅文化的源头。重点是在欧洲，这个得把握，都是从巴黎出发的，巴黎的朋友给我帮忙，涉及到有些语言的问题就和我一起去了。他搞他的学问我搞的研究，其实他是在帮我呢。走了这一大圈，搞明白了：阴阳观是中国的，生生观是中国的。两把钥匙，没有这两把钥匙开不开中国的锁。在世界上那么多国家转过之后，就发现他们的文化一把钥匙就可以打开，那就是生生观，在各地都有许多生命符号。那么，生生观看来是全人类的，但是阴阳观他们是作为辩证法出现的，是一种方法论，而中国作为一种本体论出现。

我所有的理论就是这样来的，我不看别人的书，我的老师就是这些老大娘，之所以会这样也许是处于被迫，或者说是一种自然而然的事情。从陕北到全国，从全国到世界。

**姬**：您对民间剪纸艺术家作品的版权问题有什么看法？

**靳**：我不承认民间美术没有版权，也不能说这就是你的版权，这个比较复杂，因为过去没有把民间美术作为一个名和利的手段，但是是不是没有这样就没有版权了呢？并不是这样的，版权在哪里呢？你特殊的风格就是你的版权，比如刘静兰是刘静兰的风格，过去没有版权，但你一看就知道是刘静兰的剪纸。为什么呢？她的风格具有民族群体的地域共性，当然还有她的个性，内容一样剪出来就不一样，刘静兰的不一样，库淑兰的不一样，每个艺人的风格都是不同的，这就是版权，但是要是涉及内容方面，不是她自己创造的而是传统的内容的话，那就不属于版权了，而且呢，她表现的符号也是过去几千年来表现的符号，也不属于她的版权，但是这种符号变成她自己的艺术形态，那就是另外一个问题了，有了她的意识形态，符号一样，意识形态不一样。或者是她的手法具有创造性，比如说库淑兰她的手法与别人不同，这就是她的版权，你完全把库淑兰的东西拿过来那你就侵犯了版权，这种版权没有法来规定，那是因为法不健全。一言盖之：风格创作手法具有版权性质，但是传统内容则不具有版权性质。

现在有这个特殊情况，很多搞剪纸专业的就出生这个情况，把民间的蛇盘兔拿过来，说是自己独创的，去参加国际大展，甚至拍卖，其实那都是从民间来的，这么一来现在很多专业都在搞假民间，侵犯民间美术的版权，这样版权问题就多了。比如说邮票设计，有些是把别人的东西拿过来加以改变，有的甚至不变只是去掉一些东西就成了自己设计的了，这种情况很多。这是因为法不健全，中国的立法都是跟着外国学的，外国已经没有民间问题了，或者说基本不存在民间问题了，所以他也就没有这一方面的法律，而像其他的一些发明法之类的科学方面的法律则可以从西方端过来，民间美术的版权问题是一个崭新的问题。

**姬：您对民间美术的理论研究有什么建议？**

靳：搞理论考察一定是要下去深入到她们的生活里，有一点信息就赶快抓过去，你必须亲身参加她们的民俗活动，她们的婚礼和葬礼。她们婚礼上也是有剪纸的，你看看她们婚礼上的剪纸，还有葬礼，要抓住机会不放。安塞这种民俗比较多，我觉得最丰富的是在安塞，但是现在我去的不多了，但是婚礼延川比较丰富。首先要多接触多看，先不要紧紧地扣在剪纸上，先不要以实用的想法来研究，先不要想着立竿见影，还是放在一个比较广的背景下去分析才好。

全国的理论家讨论这个结发夫妻，说这个结发夫妻很久以前就失传了，对于结发夫妻有人说是这个，有人说是那个，有不同的文章。我在安塞过去看见过，但是现在没有了。只有延川有，只要结婚都有，它和那个剪纸都密切相关的，还有面花，鱼。这个地区没有太大变化的要数面花了，和剪纸是一回事的，现在的剪纸都是个性派，每个人跟每个人的风格不同。但是面花是一样的，她做个鱼，她做个枣山，都是一样的。面花可能从古至今都是一样的。剪纸的技法和造型可能从面花中体现出来，剪纸可能发展了，剪纸可能和二十年前的不一样了，但是不是可以通过面花来了解剪纸的造型呢？这可能更重要。这个就需要你自己去体会。

艺术技法可以完全不管，最重要的是内涵，这个内涵清楚了，形式是表达内涵的，技巧太次要了。你像这个抓髻娃娃，技巧没有什么，但是内涵却是太丰富了。有的技巧很难达到，但是并不一定就有很多内容去充实它。高大娘的剪纸为什么那么剪不是因为技巧，而是因为观念，像她的马为什么那么剪，眼睛为什么那样剪，都是可以问她的，因为她现在已经把这些上升到理论层面上来，还有刘杰琼也是这样。

**姬：您对现在民间美术的保护体系有什么建议？**

靳：很多民间文化中国没有了，可外国现在还有，像日本韩国那个抓髻娃娃，一条街挂的都是，都成了国际的了，但是中国没有了，腊祭日本现在还有，但是中国已经没有了，一月十二月，多少万人在东京搞这个活动，咱们没怎么报道这方面的，在韩国这样的民俗活动更多。韩国报了端午节为非物质文化遗产，中国一听不干了，说这是中国的，但是为什么他自己不报呢？中国就是这一点：对自己的文化很不重视。

印度尼西亚人家报皮影这是中国传过去的，你中国怎么不报皮影呢？光报古琴呀昆曲呀京剧呀，其实已经失去原来的文化意义了，这是一个民族的群体，不是一个上层的活动，不是这样的。就像延川2005年那次报文化遗产项目报秧歌不报剪纸，最后文化部非物质文化遗产选出来结果的时候，周部长去了，一是慰问大家，二是问问大家还有什么意见，我当时就提出来，不能完全靠各县来报，就像前门故宫是北京的，那如果北京不报的话，前门故宫就不是中国的文化遗产了么？不能这样，我说专家的作用在哪里？我们为什么不能提？于是我提出剪纸，蔚县那些剪纸已经是商品了，中国最大的两个县是安塞县和延川县，为什么不报呢？于是周部长马上给安塞打电话，说有专家提出要把安塞剪纸定为文化遗产，安塞说太好了，我们准备。又给延川县打电话，延川县没有反应，于是没有报上。应该重视地方专家，像我们这样的人很多，而那些地方文化馆的研究人才却很少，是国宝级的人物呀！

  保护非物质文化遗产在这种情况下应该是双拐齐下的，一是由下面往上面报，一个是专家宏观调控。如果一条线的话就很难说了，也许这个县重视，另一个县就不重视呢？这样的体制还存在一个问题就是：凡是能够报上去的必须是有人说上话的，没有哪一级的官员能够给剪纸说话的，可以有给京剧说话的，也可以有给秦腔说话的，还有给地方戏说话的，但是没有给剪纸说话的，因为剪纸是一个群体艺术。

## 刘静兰参展及获奖情况

1989年5月29日 团花在自治区石化系统首届职工书画展览中荣获一等奖 首届书画展组委会

1991年5月 《蛇盘兔》荣获1990年年度包头市金鹿文艺创作奖 包头市文联

1991年7月 《蛇盘兔》荣获首届中国民族民间剪纸大奖赛二等奖 中国民俗学会民间剪纸联谊会 中国民俗学会

1992年10月 中国美术馆举办的首届东方书画艺术大展中荣获一等奖 首届东方书画艺术大展组委会

1994年5月27日 十二幅作品被收入中华基金项目《中国民间美术全集·剪纸卷》

1994年10月 《老窗花》荣获中国民间艺术一绝大展铜奖 中华人民共和国文化部

1995年8月 《岁岁平安》等十六幅入选包头市第十届鹿城消夏文化节剪纸展 包头市群众艺术馆

1995年5月 首届中华巧女手工艺术大奖赛鼓励奖 首届中华巧女手工艺术大奖赛组委会

1998年8月 《十二生肖》荣获"首届中国国际民间艺术博览会金奖" 首届中国国际民间艺术博览会组委会

1998年 《连年有余》参加一九九八年中国剪纸艺术展览,荣获一等奖 中国剪纸协会

1999年12月 中国美术馆收藏224幅作品

2000年7月26日 2000年世界华人艺术展银奖 中华人民共和国文化部文化艺术人才中心 人民画报社 中国文化艺术界联合会艺术指导委员会2000年世界华人艺术展组委会

2000年2月 在中国美术馆举办的《中国剪纸世纪回顾展》中荣获一等奖 中国民间剪纸研究会 中共浙江乐清市委宣传部 中国民间文艺家协会 中央美院民间美术研究室

2001年6月 七幅剪纸入选2001上海、天津、内蒙古美术、摄影、书法优秀作品展 天津市文化局 内蒙古自治区文化厅 上海市群众艺术馆

2001年8月 第二届中国国际民间艺术博览会评选中《草原吉祥》荣获"山花奖·民间工艺金奖" 中国文学艺术界联合会 中国文艺家协会

2001年8月《生命树》等被中国美术馆收藏

2002年9月 第四届中国民间文艺山花奖·首届中国民间剪纸艺术作品评奖《望月》获得银奖 中国文学艺术界联合会 中国文艺家协会

2002年9月2日 在中国革命博物馆举办的《华夏风云剪纸艺术展》中荣获金奖

2003年8月31日 内蒙古自治区民间文艺家协会 民间工艺美术大师

2005年9月 第二届中国民间工艺品博览会金奖 《老窗户之二——天圆地方》 中国民间文艺家协会

2006年6月《老窗户——天圆地方》《十二生肖》《路路清廉·连年有余》被中国国家博物馆收藏

2007年6月 中国民间文化杰出传承人 中国文学艺术界联合会 中国民间艺术家协会

# 后 记

  刘静兰所在的内蒙古商都县剪纸有着典型的黄河流域剪纸的共性，此书在撰写过程中面临着写作方向定位的问题，刚开始的方向定位为挖掘传统民俗与传统剪纸寓意，但在采访过程中，我逐渐将此书的定位改为时代变迁中的中国剪纸艺人创作现状。刘静兰的艺术经历具有普遍性，极具研究价值。

  从本书约稿到完成，前后两年时间，但是在临近交稿的前一个月，在最后的材料整合中，我毅然放弃了前一种定位，重新确定了全书的定位，换一种角度去思考时，处于凌乱的口述材料，顿时有了活力，问题也更加清楚。只是遗憾时间短不能更深入的挖掘，由于对社会历史以及整个民间美术研究历史没有深入的把握，因此，此书在文化转型的分析上，在对各时期民间美术研究方法的分析上，不敢重笔着墨，实属遗憾。

  在本书历经两年的写作中，首先感谢刘静兰老师毫无怨言的支持和帮助，她不断的鼓励给了我信心，她恬静大气的气质使我深深感受到来自于精美剪纸艺术背后的个人魅力。没有那种淡然，如何有如此雅致、沉静的艺术；没有那种踏实勤奋，又如何有今天的成就；没有那种敏锐的视角，又如何能够有如此灵动而富有生命力的创作。

  同时，要感谢我的导师王海霞，她以田野调查为基础的教授方式令我受益匪浅！同样感谢中国艺术研究院郑工研究员，在口述史的最后整合定位中，他花费很长时间为我作了精辟的指点，在此表示深深的谢意！感谢我的学长段运冬同学，室友孟潇同学，在最后的论点提炼和语言精炼过程中，他们给了我慷慨的帮助。特别要感谢刘静兰老师及其亲友，以及高家村、水泉梁村、韩家村、三号地、高勿素乡的乡亲们对我的支持与帮助。谨向他们致以最深的敬意！

剪出来的大师